Repensando a Antropologia

Coleção Debates
Dirigida por J. Guinsburg

Equipe de Realização – Tradução: José Luís dos Santos; Orientação e
revisão: Conjunto de Antropologia – IFCH – da Universidade Estadual
de Campinas; Revisão: Vera de Campos Toledo e Paulo Salles Oliveira;
Produção: Ricardo W. Neves, Sergio Kon e Lia N. Marques.

e. r. leach
REPENSANDO A ANTROPOLOGIA

Título do original inglês
Rethinking Anthropology

© The Athlone Press
University of London

Dados Internacionais de Catalogação na Publicação (CIP)
(Câmara Brasileira do Livro, SP, Brasil)

Leach, Edmund Ronald, 1910-1989.
Repensando a antropologia / Edmund Ronald Leach ;
[tradução José Luís dos Santos]. — São Paulo : Perspectiva,
2010. — (Debates ; 88 / dirigida por J. Guinsburg)

Título original: Rethinking anthropology
4ª reimpr. da 2. ed.
Bibliografia
ISBN 978-85-273-0249-4

1. Antropologia social 2. Casamento - Ritos e costumes
3. Parentescos 4. Tribos Kachin (China) 5. Tribos Lakher (India)
I. Guinsburg, J. II. Título. III. Série.

06-5947   CDD-301.42

Índices para catálogo sistemático:
1. Antropologia social   301.42

2ª edição – 4ª reimpressão
[PPD]

Direitos reservados em língua portuguesa à

EDITORA PERSPECTIVA LTDA.

Av. Brigadeiro Luís Antônio, 3025
01401-000 São Paulo SP Brasil
Telefax: (11) 3885-8388
www.editoraperspectiva.com.br

2020

SUMÁRIO

Prefácio 7

Repensando a Antropologia 13

Terminologia de Parentesco *Jinghpaw* 53

As Implicações Estruturais do Casamento com a Prima-Cruzada Matrilateral 89

Poliandria, Herança e Definição de Casamento: com Referência Particular ao Direito Consuetudinário Cingalês 161

Aspectos do Preço da Noiva e da Estabilidade do Casamento entre os *Kachin* e os *Lakher* 175

Dois Ensaios a Respeito da Representação Simbólica do Tempo 191

Referências 211

Bibliografia 219

PREFÁCIO

O título desta coletânea pertence propriamente apenas ao primeiro ensaio. Aos 3 de dezembro de 1959 tive a honra de efetuar a primeira *Malinowski Memorial Lecture* na London School of Economics. A direção editorial da London School of Economics Monographs in Social Anthropology ofereceu-se, generosamente, para publicar o texto de minha conferência, acrescentando a lisonjeira sugestão de que eu deveria reimprimir, ao mesmo tempo, alguns outros ensaios meus. Em vista disso, dei o título da conferência a toda a coletânea.

Os ensaios estendem-se por um período de 15 anos e não pretendo que o ponto de vista do último (Capítulo 1) seja totalmente coerente com o do primeiro (Capítulo 2), mas creio que há uma certa continuidade de tema e de método em todos eles. Quando foram escritos, todos estes ensaios representavam tentativas de "repensar a antropologia". Estão todos relacionados com problemas de "teoria" e são baseados em fatos etnográficos levantados por outros, sendo que a minha própria contribuição é, basicamente, a de analista. Em cada caso, tentei reavaliar os fatos conhecidos à luz de pressupostos não ortodoxos. Parece-me que tal heresia tem mérito por si mesma. Resulta frequentemente que os argumentos não convencionais estão errados, mas, desde que provoquem discussão, eles podem, ainda, ter um valor duradouro. Segundo esse critério, cada um dos ensaios deste livro é um candidato passível de atenção.

Entre os antropólogos sociais, o jogo de construir novas teorias sobre ruínas de teorias velhas é quase uma doença profissional. Os argumentos contemporâneos da Antropologia Social são construídos a partir de fórmulas elaboradas por Malinowski, Radcliffe-Brown e Lévi-Strauss, os quais, por sua vez, estavam apenas "repensando" Rivers, Durkheim e Mauss, que se inspiraram em Morgan, McLennan, e Robertson-Smith – e assim por diante. Os céticos podem pensar que o resultado total de todo esse raciocínio acrescente muito pouco; apesar de todas as nossas sutilezas pedagógicas, as diversidades dos costumes humanos permanecem tão desconcertantes como nunca. Mas isso nós admitimos. O antropólogo social contemporâneo está plenamente ciente de que sabe muito menos do que Frazer imaginava saber com certeza. Talvez seja esta a questão.

As contribuições ao formalismo antropológico reunidas neste livro contribuem pouco para a soma de conhecimentos humanos, mas, se fizerem com que alguns leitores duvidem do seu senso de certeza, terão atingido seus propósitos.

Uma nota sobre as interconexões entre os diferentes artigos pode ser útil.

O primeiro esboço do Capítulo 2 foi escrito em 1943, enquanto eu estava ainda no serviço militar ativo e em contato direto com pessoas de idioma Jinghpaw. Embora tenha aparecido no volume de 1945 do *J.R.A.I.*, só foi publicado em 1950. Estes detalhes referentes às datas são importantes, pois explicam por que meu artigo não contém referências aos Capítulos 15 e 16 de *Les structures élémentaires de la parenté* (LÉVI-STRAUSS, 1949), e, reciprocamente, por que esta obra ignora as informações novas fornecidas por meu artigo. O Capítulo 3, originalmente um Curl Prize Essay, foi completado na primavera de 1951, e parece ter sido o primeiro comentário em língua inglesa do *magnum opus* de Lévi-Strauss, embora, presumivelmente, meu artigo e a monografia de J.P.B. JOSSELIN DE JONG, *Lévi-Strauss Theory on Kinship and Marriage* (1952), tenham sido impressos na mesma época. Apesar de haver aqui criticado Lévi-Strauss devido a inexatidões etnográficas, a minha simpatia por seu ponto de vista teórico geral é muito grande. O próprio Prof. Lévi-Strauss notou a semelhança entre a visão de "estrutura social" implícita no seu primeiro artigo sobre os Jinghpaw (Capítulo 2) e a sua própria (LÉVI-STRAUSS, 1953. p. 525, nota) e em todas as minhas publicações subsequentes, meu débito a Lévi-Strauss é óbvio.

A relação do Capítulo 4 com a literatura anterior tornar-se-á clara a partir das referências no texto. Embora não pretendesse ser controvertido, este artigo provocou uma vigorosa resposta da Dra. Kathleen Gough (GOUGH, 1959). O ponto crucial de minha argumentação aqui é que enfatizo a necessidade de distinguir entre a afinidade considerada como uma aliança entre grupos coletivos de parentes, e os laços individuais afins que unem uma esposa particular a um marido particular. Este tema está presente no Capítulo 5 e novamente no Capítulo 1.

O Capítulo 5, como está indicado no texto, está relacionado a uma longa correspondência que apareceu nas páginas de *Man* em 1953 e 1954, mas a resposta que ele provocou da parte de meus colegas acadêmicos mais próximos está ligada apenas marginalmente a esta discussão inicial. O Dr. Goody denunciou meu argumento como baseado em erro fundamental (GOODY, 1959, p. 86), e o Prof. Fortes dedicou a maior parte de dois tópicos de *Man* para expor meus erros e confusões (FORTES, 1959b). Estas explosões de fúria acadêmica foram ambas provocadas por uma simples frase de meu ensaio, ou seja – "Assim, Fortes, embora reconheça que os laços de afinidade têm importância comparável aos laços de descendência, dissimula o primeiro sob sua expressão 'filiação complementar'" (Ver mais adiante, p. 186). O sentido exato em que esta afirmação é "errônea" não está ainda claro para mim, pois, no próprio curso de sua denúncia,

9

Fortes reafirma seu ponto de vista de que a "filiação complementar é uma função das relações de afinidade" (FORTES, 1959b, p. 209), e este é precisamente o argumento que procuro debater.

O Prof. Fortes denominou seu artigo de "uma réplica a Leach", e os leitores do Capítulo 1 deste livro devem levar em conta que, entre outras coisas, ele pretende ser "uma réplica a Fortes". A referência a uma pequena nota em *Man* (1960, Art. 6) ajudará talvez a esclarecer isto.

Os dois pequenos artigos a respeito do simbolismo do tempo reimpressos no Capítulo 6, não formam uma série com os outros capítulos do livro, embora novamente seja forte a influência do Prof. Lévi-Strauss. Embora meu "Crono e Cronos" tenha sido impresso em 1953, enquanto que o "The Structural Study of Myth" de Lévi-Strauss foi publicado apenas em 1956, eu já havia ouvido, na verdade, a conferência do Prof. Lévi-Strauss sobre este tópico antes de escrever meu ensaio. *Explorations*, a publicação da Universidade de Toronto, na qual meu Capítulo 6 foi originalmente publicado, trazia em sua página de rosto a afirmação de que era "projetada, não como um jornal de referência permanente, que embalsama a verdade para a posteridade, mas como uma publicação que explora e procura e questiona", e meus artigos eram ambos, por esse motivo, breves e experimentais. Apesar disso, alguns de meus amigos sugeriram que os argumentos contidos nos artigos traziam algo mais do que um interesse efêmero, daí a sua republicação neste livro.

O Capítulo 1 contém uma quantidade considerável de matéria que não foi incluída no texto oral de minha *Malinowski Memorial Lecture*. Os outros ensaios aparecem tal como foram impressos originalmente, exceto pela correção de erros de impressão e uma ou duas alterações muito pequenas, feitas com a intenção de esclarecer a discussão. As Notas Introdutórias aos Capítulos de 2 a 6 são novas.

Agradecimentos: Sou grato ao Council of the Royal Anthropological Institute of Great Britain and Ireland pela permissão de reimprimir os ensaios publicados aqui como os Capítulos 2, 3, 4, 5 e ao Prof. E. S. Carpenter e à Universidade de Toronto, pela permissão de reimprimir os dois pequenos ensaios incluídos no Capítulo 6.

Agradeço à Behavioral Sciences Division da Ford Foundation pelo financiamento que me foi concedido pelos serviços utilizados na preparação destes artigos para publicação.

E. R. L.

REPENSANDO A ANTROPOLOGIA

Começarei por explicar o meu arrogante título. Desde 1930, a antropologia social britânica vem abrangendo um conjunto bem definido de ideias e objetivos, que derivam diretamente dos ensinamentos de Malinowski e Radcliffe-Brown. Esta unidade de propósitos resume-se na afirmação de que a antropologia social britânica é *funcionalista* e se preocupa com a *análise comparativa de estruturas sociais*. Mas, de um ou dois anos para cá, este objetivo particular parece ter se desvanecido. A maioria dos meus colegas está desistindo da tentativa de fazer generalizações comparativas; ao invés disto, começaram a escrever etnografias históricas, impecavelmente detalhadas, de povos particulares.

Lamento essa nova tendência, pois ainda creio que as descobertas dos antropólogos apresentem implicações gerais e particulares; mas por que a doutrina funcionalista deixou de ser convincente? Para entendermos o que está se passando na antropologia social, creio que precisamos vol-

13

tar ao início e *repensar* temas básicos – assuntos realmente elementares, como o que entendemos por casamento ou descendência ou ainda por unidade de grupos fraternos – e isso é difícil, porque conceitos básicos são básicos; as ideias que se tem a respeito deles estão profundamente entrincheiradas e firmemente estabelecidas.

Uma das coisas que precisamos reconhecer é a força da tendência empírica que Malinowski introduziu na antropologia social e que tem permanecido conosco desde então. O âmago da antropologia social é o trabalho de campo – a compreensão do modo de vida de um determinado povo. Esse trabalho de campo é um tipo de experiência extremamente pessoal e traumática e o envolvimento pessoal do antropólogo em seu trabalho reflete-se na sua produção.

Ao ler Malinowski, temos a impressão de que ele afirma algo de importância *geral*. Todavia, como isto é possível? Ele apenas escreve sobre ilhéus de Trobriand. De certa forma, ele se identificou de tal modo com a situação de Trobriand que é capaz de torná-la um microcosmo de todo o mundo primitivo. E o mesmo ocorre com seus sucessores; para Firth, o Homem Primitivo é um habitante de Tikopia, para Fortes é um cidadão de Gana. A existência deste preconceito tem sido longamente reconhecida, mas não temos dado a devida atenção às suas consequências. A dificuldade de alcançar generalizações comparativas está diretamente ligada ao problema da fuga às tendências etnocêntricas.

De acordo com a ocasião em que homenageamos a memória de Bronislaw Malinowski, serei inteiramente egotista. Insinuarei o meu próprio mérito, condenando o trabalho dos meus amigos mais chegados. Mas a minha malícia tem método. Meu propósito é distinguir entre duas variedades de generalização comparativa, bastante semelhantes, as quais surgem de tempos em tempos na antropologia social britânica. Uma delas, que me desagrada, deriva do trabalho de Radcliffe-Brown; a outra, que admiro, deriva do trabalho de Lévi-Strauss. É importante que as diferenças entre estas abordagens sejam bem entendidas. Assim sendo, apresentarei minhas ilustrações num contraste bem agudo, em preto e branco. Nesta forma severa e exagerada, o Prof.

Lévi-Strauss poderia facilmente repudiar a autoria das ideias que estou tentando transmitir. Daí, meu egotismo; que a culpa seja toda minha.

Meu problema é simples. Como pode um moderno antropólogo social, que tem à mão todos os trabalhos de Malinowski, Radcliffe-Brown e seus sucessores, partir para uma generalização, com esperança de chegar a uma conclusão satisfatória? Minha resposta é também bastante simples. Ei-la: *pensando nas ideias organizacionais presentes em qualquer sociedade como constituintes de um padrão matemático.*

O restante que tenho a dizer é simplesmente uma elaboração dessa afirmação obscura.

Inicialmente quero ressaltar que o meu interesse é a *generalização* e não a *comparação*. Radcliffe-Brown sustentou que o objetivo da antropologia social era a "comparação de estruturas sociais". Ao explicar isto, afirmou que, quando distinguimos e comparamos diferentes tipos de estruturas sociais, estamos agindo da mesma maneira quando distinguimos diferentes tipos de conchas marinhas de acordo com o seu tipo estrutural (RADCLIFFE-BROWN, 1953, p. 109). *Generalização é* um tipo de operação mental bastante diferente.

Ilustrarei esta afirmação.

Dois pontos quaisquer podem ser ligados por uma reta, que poderá ser matematicamente representada por uma simples equação algébrica de *primeiro grau.*

Três pontos quaisquer podem ser ligados por um círculo, que pode ser representado por uma equação quadrática ou equação algébrica do *segundo grau.*

Seria *generalização* afirmar, a partir daí, que: quaisquer n pontos num plano podem ser ligados por uma curva, que pode ser representada por uma equação de $n - 1$ grau. Isto seria apenas uma suposição, mas seria verdadeira e é uma espécie de verdade que nenhuma quantidade de comparação poderá jamais revelar.

A comparação e a generalização são ambas formas de atividade científica, mas são formas diferentes.

A comparação é uma questão de colecionamento de borboletas – de classificação de arranjo das coisas de acordo com seus tipos e subtipos. Os seguidores de Radcliffe-Brown são colecionadores antropológicos de borboletas, e a abordagem que fazem de seus dados tem certas consequências. Por exemplo, de acordo com os princípios de Radcliffe-Brown, deveríamos considerar a sociedade Trobriand como sendo uma sociedade de um tipo estrutural particular. A classificação poderia ser a seguinte:

Tipo Principal: Sociedades compostas de grupos de descendência unilinear.
Subtipo: Sociedades compostas de grupos de descendência matrilinear.
Subsubtipo: Sociedades compostas de grupos de descendência matrilinear, em que os homens casados da matrilinhagem vivem juntos num lugar e separados das mulheres da mesma matrilinhagem.

e assim por diante.

Neste procedimento, cada classe é um subtipo da classe imediatamente precedente na tabela.

Concordo que uma análise deste tipo tenha suas aplicações, mas apresenta limitações muito sérias. Um de seus defeitos maiores é não ter nenhum limite lógico. Em última análise, toda sociedade pode ser discriminada deste modo como sendo um subtipo distinto de qualquer outra; e desde que os antropólogos são notavelmente vagos a respeito do que querem exatamente dizer por "uma sociedade", isso os levaria a distinguir mais e mais sociedades, quase que *ad infinitum*.

Isto não é apenas uma hipótese. Meu colega, Dr. Goody, fez um grande esforço para distinguir *como tipos* duas sociedades adjacentes do norte da Costa do Ouro, que ele chama de Lo Wiili e Lo Dagaba. Um leitor cuidadoso dos trabalhos do Dr. Goody descobrirá, contudo, que estas duas "sociedades" são simplesmente o modo que ele escolheu para descrever o fato de que suas notas de campo, feitas em duas comunidades vizinhas, apresentam algumas discrepâncias curiosas. Se os métodos de análise do Dr. Goody fossem levados ao extremo, poderíamos demonstrar que cada aldeia no mundo todo constitui uma sociedade distinta que pode ser diferenciada como um tipo, de qualquer outra (GOODY, 1956b).

16

Outra objeção séria: os criadores de tipologia nunca explicam por que preferem um esquema de referência a outro. As instruções de Radcliffe-Brown indicavam simplesmente que "é necessário comparar sociedades com referência a um aspecto particular... sistema econômico, sistema político ou sistema de parentesco"... o que equivale dizer que se pode arranjar borboletas de acordo com a sua cor, seu tamanho ou a forma das asas, de acordo com o capricho do momento, mas, seja o que for, será ciência. Bem, talvez de um certo modo seja; mas é preciso perceber que o arranjo prévio cria uma predisposição inicial da qual, mais tarde, se tornará extremamente difícil escapar (RADCLIFFE-BROWN, 1940, p. XII).

A antropologia social está repleta de frustrações desse tipo. Um exemplo óbvio é a oposição de categoria patrilinear-matrilinear. Desde que Morgan começou a escrever sobre os iroqueses, tornou-se costumeiro entre os antropólogos distinguir entre sistemas de descendência unilinear e não unilinear, distinguindo ainda, naquelas, sociedades patrilineares de sociedades matrilineares. Hoje, essas categorias nos parecem tão óbvias e rudimentares que é dificílimo romper a camisa-de-força que as próprias categorias impõem ao pensamento.

Mesmo que nossa abordagem seja genuinamente imparcial, devemos estar preparados para considerar a possibilidade de que essas categorias de tipos não tenham qualquer significação sociológica. *Pode* ser que a criação de uma classe rotulada de *sociedades matrilineares* seja tão irrelevante para a nossa compreensão da estrutura social quanto a criação de uma classe de *borboletas azuis* para a compreensão da estrutura anatômica dos lepidópteros. Não afirmo que seja assim, mas pode ser; está em tempo de considerarmos a possibilidade.

Mas previno-os que repensar os pressupostos básicos das categorias pode ser muito desconcertante.

Eis um exemplo. A conhecida contribuição da Drª Audrey Richards para *African Systems of Kinship and Marriage* é um ensaio na tipologia de Radcliffe-Brown, acertadamente considerado como uma das leituras básicas "obrigatórias" da Universidade (RICHARDS, 1950).

Nesse ensaio, a Dr.ª Richards afirma que "*o* problema" das sociedades matrilineares reside na dificuldade de combinar o reconhecimento da descendência através da mulher com a regra do casamento exogâmico e ela classifica uma variedade de sociedades matrilineares de acordo com a solução dada a este "problema". Realmente, a sua classificação versa sobre o fato de que o irmão da mulher e o marido da mulher possuem conjuntamente direitos sobre os filhos da mulher, mas os sistemas matrilineares diferem pela forma como estes direitos são distribuídos entre os dois homens.

Minha objeção quanto a isto diz respeito aos antecedentes das categorias. Os homens têm cunhados em todos os tipos de sociedades; assim por que se deveria afirmar, de princípio, que cunhados em sociedades matrilineares apresentam "problemas" especiais, que não se encontram nas estruturas patrilineares ou bilaterais? O que realmente aconteceu é que a Dr.ª Richards, tendo um conhecimento especial dos Bemba, uma sociedade matrilinear, decidiu restringir suas observações comparativas aos sistemas matrilineares. Então, tendo selecionado um grupo de sociedades que nada tem em comum senão a matrilinearidade, ela foi naturalmente levada a concluir que a descendência matrilinear é *o* fator principal a que todos os outros itens do comportamento cultural que ela descreve estão funcionalmente ajustados.

Temo que o seu argumento seja uma tautologia; seu sistema de classificação já implica a verdade do que ela afirma estar demonstrando.

Isso revela como as suposições taxonômicas de Radcliffe-Brown se harmonizam com a tendência etnocêntrica mencionada anteriormente. Como o antropólogo social que busca tipos conduz toda sua argumentação mais em termos de exemplos particulares do que de padrões generalizados, ele é constantemente tentado a atribuir importância exagerada àqueles aspectos da organização social que sejam porventura proeminentes nas sociedades em que ele próprio tem experiência direta.

O caso do Prof. Fortes ilustra este mesmo ponto de modo um tanto diferente. Sua pesquisa não é tanto de tipos como de protótipos. Acontece que as duas sociedades de que ele fez um estudo minucioso apresentam certas semelhanças de padrões estruturais, pois embora os Tallensi sejam patrilineares e os Ashanti matrilineares, ambos estão muito próximos de apresentar um sistema de dupla descendência unilinear.

O Prof. Fortes inventou um conceito especial, "filiação complementar", que lhe ajuda a descrever esse elemento unilinear duplo nos padrões Tallensi/Ashanti, enquanto rejeita a noção de que essas sociedades realmente possuem sistemas unilineares duplos (Fortes, 1953, p. 33; 1959b).

É interessante notar as circunstâncias que levaram ao desenvolvimento desse conceito. De um ponto de vista, a "filiação complementar" é simplesmente uma forma inversa da noção de "paternidade sociológica" de Malinowski, tal como foi aplicada no contexto matrilinear da sociedade Trobriand. Mas Fortes fez mais do que inventar um nome novo para uma ideia antiga; transformou-a na pedra angular de um corpo substancial da teoria, surgindo esta logicamente das circunstâncias especiais do seu próprio campo de experiência.

Em seus trabalhos anteriores, os Tallensi são frequentemente representados como tendo uma forma um tanto extrema de ideologia patrilinear. Posteriormente, em contraste a Rattray, Fortes imprimiu um rótulo obviamente matrilinear aos Ashanti. Do ponto de vista de Fortes, o mérito da "filiação complementar" consiste em ser um conceito que se aplica igualmente bem em ambas sociedades contrastantes, não entrando em conflito com a sua tese de que, tanto os Tallensi, como os Ashanti, têm sistemas de descendência unilinear. O conceito tornou-se necessário para ele precisamente porque havia decidido de início que a noção mais conhecida e mais óbvia da descendência unilinear dupla não era apropriada. Em um retrospecto, Fortes parece ter decidido que a descendência unilinear dupla é um desenvolvimento especial da "filiação complementar", sendo esta última um aspecto de todas as estruturas de descendência unilinear. A discriminação adicional de Goody torna evidente que tais distinções de categorias não são naturais e sim engendradas. Goody afirma que os Lo Wiili têm "descendência complementar mais do que um sistema duplo de descendência". Como o conceito de "filiação complementar" foi introduzido inicialmente para distinguir entre "filiação"

19

e "descendência", e desde que o adjetivo "complementar" aqui só pode ter significação em referência à palavra "descendência", o argumento todo é claramente tautológico (FORTES, 1945, pp. 134, 200 e ss.; 1950, p. 287; 1953, p. 34; 1959; GOODY, 1956b, p. 77).

Não afirmo que o Prof. Fortes esteja errado, mas creio que foi desviado pelas suas suposições preliminares. Se pretendermos fugir tanto da criação tipológica, quanto da tendência etnocêntrica, devemos nos voltar para uma espécie diferente de ciência. Em lugar de comparação, tenhamos generalização; em vez de colecionar borboletas, procuremos fazer um trabalho inspirado em suposições.

Repetindo, a generalização é indutiva: consiste em perceber possíveis leis gerais nas circunstâncias de casos especiais; é trabalho de adivinhação, um jogo, em que se pode estar errado ou certo, mas se por acaso estivermos certos, ter-se-á aprendido algo completamente novo.

Em contraste, agrupar as borboletas de acordo com os seus tipos e subtipos é tautológico. Apenas reafirma algo que já é conhecido sob uma forma ligeiramente diferente.

Mas, ao se começar a adivinhar é preciso saber *como* adivinhar. E é aí que quero chegar quando digo que a forma do pensamento deve ser matemática.

O funcionalismo em sentido *matemático*, *não* diz respeito às inter-relações das partes de um todo, mas sim aos princípios de operação de sistemas parciais.

Nisto há um conflito direto com os dogmas de Malinowski e Radcliffe-Brown. O funcionalismo de Malinowski nos fez considerar cada Sociedade (ou Cultura, como diria Malinowski) como uma totalidade constituída de uma série de "coisas" discretas, empíricas de espécies bastante diversas – p. ex., grupos de pessoas, "instituições", costumes. Estas "coisas" estão funcionalmente inter-relacionadas para formar um mecanismo delicadamente equilibrado como as várias partes de um relógio de pulso. O funcionalismo de Radcliffe-Brown era também mecânico, embora o foco de interesse fosse diferente.

Radcliffe-Brown estava interessado, por assim dizer, em distinguir relógios de pulso e relógios de bolso, enquanto o interesse de Malinowski estava nos atributos gerais do mecanismo do relógio. No entanto, *ambos* os mestres tomaram como ponto de partida a noção de que uma cultura ou sociedade é um todo empírico constituído de um número limitado de partes facilmente identificáveis e que, ao compararmos duas sociedades, estamos preocupados em verificar se os mesmos tipos de partes estão presentes em ambos os casos.

Esta abordagem é apropriada para um zoólogo ou um botânico ou ainda para um mecânico, mas *não é* a abordagem de um matemático ou engenheiro e, ao meu ver, um antropólogo tem muito em comum com o engenheiro. Mas isso é a *minha* tendência particular. Fui inicialmente treinado como engenheiro.

As entidades que chamamos de sociedades não são espécies que existem naturalmente, nem tampouco mecanismos feitos pelo homem. Mas a analogia de um mecanismo é praticamente tão relevante quanto a analogia de um organismo.

Aqui não é o lugar para se discutir a história da analogia orgânica como sendo o modelo para a Sociedade, mas sua arbitrariedade é muitas vezes esquecida. Hobbes, que desenvolveu sua noção de organismo social de um modo muito sistemático, discute no seu prefácio se para o seu objetivo seria mais adequada uma analogia mecânica ou uma orgânica. Ele opta por um organismo apenas porque quer incluir no seu modelo um princípio motor metafísico (*i. e.*, Deus – Força da Vida) (HOBBES, 1957, p. 5). Radcliffe-Brown, em contraste, empregou a analogia orgânica como uma questão de dogma e não de escolha (RADCLIFFE-BROWN, 1957, pp. 82-86; 1940a, pp. 3,10), e seus adeptos colecionadores de borboletas aceitaram a propriedade da expressão "organismo social" sem controvérsias. Devo protestar contra essa complacência. É verdade que os cientistas sociais têm que recorrer muitas vezes à analogia, entretanto não estamos limitados a um tipo de construção de um modelo para toda a eternidade.

Nossa tarefa é compreender e explicar o que ocorre na sociedade, como as sociedades funcionam. Se um engenheiro tenta explicar como trabalha um computador digital não perderá seu tempo classificando os diferentes tipos de parafusos e porcas. Ele se preocupará com princípios e não com coisas. Representará seu argumento em forma de equação matemática da maior simplicidade; algo assim como:

$$O + I = I; I + I = IO.$$

Sem dúvida, este exemplo é frívolo; tais computadores incorporam suas informações em um código que é transmitido por impulsos positivos e negativos denotados pelos símbolos digitais O e I. O ponto essencial é que, embora a informação a ser incorporada nesses códigos possa ser extremamente complexa, os princípios básicos com que trabalham os computadores são muito simples. Do mesmo modo, eu sustentaria que modelos mecânicos bastante simples podem ser relevantes para a antropologia social apesar de ser sobejamente conhecido que os fatos empíricos detalhados da vida social apresentam o máximo de complexidade.

Não desejo transformar a antropologia em um ramo da matemática, mas creio que podemos aprender muito se começarmos a pensar na sociedade em termos matemáticos.

A sociedade considerada matematicamente não é um conjunto de coisas, mas sim um conjunto de variáveis. Poder-se-ia fazer uma boa analogia com o ramo da matemática conhecido como topologia, que pode ser descrito toscamente como sendo a geometria das superfícies elásticas.

Se tenho uma folha de borracha e nela desenho uma série de linhas para simbolizar as interconexões funcionais de algum conjunto de fenômenos sociais e começo a esticar a borracha, posso tornar a forma manifesta de minha figura geométrica original irreconhecível e, no entanto, há evidentemente um sentido em que ela continua sendo a *mesma* figura o tempo todo. A constância de padrão não é evidente como um fato empírico objetivo, mas está aí como uma generalização matemática. Por analogia, os padrões estruturais generalizados na antropologia não são restritos a sociedades de qualquer tipo estrutural manifesto.

Sei que muitos dirão que a topologia é um desses mistérios científicos alarmantes que simples sociólogos fariam melhor em evitar, mas, na realidade, não estou propondo nada original. Uma indicação simples e boa sobre a natureza da *topologia* aparece em um artigo sob este título na edição corrente da *Enciclopédia Britânica*. O próprio autor considera que a topologia merece atenção especial dos cientistas sociais por ser uma forma não métrica da matemática.

A variável fundamental em topologia é o grau de conexão. Qualquer curva fechada é "igual" a qualquer outra, independentemente de sua forma; o arco de um círculo é "igual" a uma linha reta porque ambos têm as extremidades abertas. Por outro lado, uma curva fechada tem um grau maior de conexão do que um arco. Se aplicarmos essas ideias à sociologia, deixaremos de nos interessar pelas relações particulares e passaremos a nos preocupar com as regularidades de padrão entre relações vizinhas. No caso mais simples possível, se houver uma relação p, associada intimamente a outra relação q, em um estudo topológico, não nos preocuparemos com as características particulares de p e q mas com as suas características mútuas, *i. e.*, com a razão algébrica p/q. Mas deve ser entendido que as relações e conjuntos de relações simbolizadas deste modo não podem propriamente receber valores numéricos específicos. O leitor deveria manter este ponto em mente quando encontrar espécimes de pseudomatemática, o que ocorrerá mais tarde neste trabalho.

Todas as proposições em topologia podem também ser expressas como proposições na lógica simbólica (ver CARNAP, 1958, Capítulo G) e foi provavelmente a consideração sobre este fato que levou Nadel a introduzir a lógica simbólica em seu último livro (NADEL, 1957). Minha própria opinião é que, embora a consideração de modelos matemáticos e lógicos possa ajudar o antropólogo a ordenar seus argumentos teóricos de modo inteligente, seu procedimento real deveria ser não matemático.

A relevância de tudo isto para meu tema central está em que o *mesmo* padrão estrutural pode aparecer em *qualquer* tipo de sociedade – uma abordagem matemática não estabelece nenhum pressuposto de que sistemas unilinear es sejam basicamente diferentes de sistemas não unilineares ou estruturas patrilineares das matrilineares. Pelo contrário, o princípio de paridade nos leva a descontar todas as rígidas distinções de categoria deste tipo.

Tentarei ilustrar minha afirmação com um exemplo. Para ser coerente com a ocasião tomarei meu exemplo de Malinowski.

Muitos saberão que Malinowski relatou, como fato de etnografia empírica, que os ilhéus de Trobriand afirmam ignorar a conexão entre a cópula e a gravidez, e que esta ignorância serve de justificação racional para seu sistema de descendência matrilinear. Do ponto de vista *trobriand* "meu pai" (*tama*) não é, de modo algum, parente consanguíneo, mas um tipo de afim, "o marido da minha mãe" (Malinowski, 1932a, p. 5).

No entanto, lado a lado com a sua ignorância dogmática dos fatos da vida, esses mesmos ilhéus de Trobriand sustentam também que toda criança deveria parecer-se com o marido de sua mãe (*i. e.*, seu pai) mas que nenhuma criança deveria jamais ser parecida com seus próprios parentes matrilineares.

Malinowski parece ter considerado paradoxal que eles mantivessem simultaneamente ambas as doutrinas. Aparentemente, ele ficou confuso com o mesmo tipo de pressupostos etnocêntricos que mais tarde levou um informante Tallensi a contar ao Prof. Fortes que "ambos os pais transmitem seu sangue aos seus filhos, *como pode ser visto pelo fato* de que crianças Tallensi podem assemelhar-se no aspecto tanto com o pai como com a mãe" (Fortes, 1949, p. 35) (grifos meus). Isso é misturar sociologia com genética. Nós *sabemos* e aparentemente os Tallensi supõem que o aspecto físico tem base genética, mas não há razão pela qual povos primitivos de modo geral devessem associar ideias de herança genética a ideias de semelhança física entre pessoas. A explicação que os Trobriand deram a Malinowski foi a de que o pai imprime sua aparência ao filho através da coabitação repetida com a mãe "moldando" (*kuli*), assim, a criança no seu ventre (Malinowski, 1932a, p. 176). Isto faz lembrar a opinião Ashanti de que o pai dá forma ao corpo de seu filho assim como faria um ceramista (Rattray, 1929, p. 9). Esta teoria *trobriand* é bastante consistente com o ponto de vista de que o pai é aparentado com o filho apenas enquanto marido da mãe – isto é, é considerado um afim e não um parente.

Há outras doutrinas *trobriand* que se alinham com esta. A irmã do pai é "o protótipo da mulher legítima" (Malinowski,

1932a, p. 450), o que parece ser mais ou menos equivalente a dizer que o pai (*tama*) é praticamente o mesmo tipo de parente que um cunhado. Eles asseguraram constantemente a Malinowski que o casamento com a filha da irmã do pai era certo e bastante apropriado, embora, conforme indicou Powell (1956, p. 314), fosse raro. Evidentemente, na sua opinião, a categoria *tama* (que inclui tanto o pai quanto o filho da irmã do pai) está muito próxima da de *lubou* (cunhado) (Malinowski, 1932a, pp. 86, 451). A semelhança é afirmada não só por expressão verbal, mas também no padrão da obrigação econômica, pois o presente da colheita (*urigubu*) pago por um homem casado é devido *tanto* ao marido da sua mãe (*tama*) *como* ao marido da sua irmã (*lubou*) (Malinowski, 1935, I, pp. 386, 413-18).

Do meu ponto de vista, este agrupamento de crenças e atividades *trobriand* é um "padrão de ideias organizacionais" – especifica uma série de categorias e as coloca em uma relação particular entre si, como em uma equação algébrica. Mas Malinowski estava predisposto pelo seu empirismo total, por preconceitos europeus e pelo seu interesse em Psicanálise, recusando-se a aceitar a doutrina *trobriand* em seu valor nominal. Em vez disso, burilou seu conceito de "paternidade sociológica" que originalmente tinha imaginado para servir a um contexto bastante diferente, o da organização patrilinear entre os aborígenes australianos (Malinowski, 1913, pp. 170-83).

Nessa oportunidade anterior, Malinowski usara "a paternidade sociológica" para mostrar como as relações entre pais e filhos e entre esposos derivam de regras costumeiras e não de quaisquer fatos universais da Biologia ou Psicologia. Entretanto, ao aplicar posteriormente estas ideias às circunstâncias de Trobriand ele altera seu fundamento e o argumento se torna confuso pela introdução de considerações psicológicas ingênuas.

Em face disto, a "paternidade sociológica" como explicitada na *Sexual Life of Savage* parece significar que mesmo em uma sociedade como em Trobriand, em que são negados os fatos da "paternidade biológica", atitudes sociológicas que dizem respeito à paternidade, como *nós* a entendemos, ainda podem ser encontradas. Até aí muito bem. Mas Malinowski vai mais além. Em vez de argumentar como no caso australiano, que as atitudes de parentesco têm uma origem puramente social, ele insiste em que as atitudes sociais do parentesco estão enraizadas em fatos psicológicos universais. A relação paternal contém elementos que estão necessariamente presentes na relação pai/filho de *todas* as sociedades, sejam quais forem as circunstâncias de costumes e estrutura social. Isto tudo é muito confuso. Por um lado, ao leitor é dito claramente que a criança *trobriand* é ensinada a considerar seu pai não como um consanguíneo, mas como um indivíduo com o *status* especial de marido da mãe, um não parente. Por outro lado, o leitor é forçado a concluir que este marido da mãe *trobriand* está ligado ao filho dela "como um pai sociológico", ou seja, por laços de parentesco bem como pelos laços de afinidade. O argumento como um todo é contraditório.

Vocês poderão pensar que este ponto é por demais insignificante para tanto estardalhaço. Que diferença pode haver em considerar um determinado ser masculino como sendo meu pai ou como o marido da minha mãe?

Bem, tudo que posso dizer é que os antropólogos se preocupam realmente com essas coisas. O Prof. Fortes, o Dr. Goody e a Drª Kathleen Gough ficaram tão perturbados com as minhas opiniões heréticas sobre o assunto que cada um deles recentemente se deu ao trabalho de me pulverizar com suas revisões particulares do argumento de Malinowski (FORTES, 1959b; GOODY, 1959, pp. 83, 86; GOUGH, 1959).

O âmago da controvérsia pode ser colocado assim: para os ingleses parece óbvio que o parentesco entre cunhados é radicalmente diferente do parentesco entre pai e filho. Com isto, queremos dizer que os direitos e deveres envolvidos em ambos os casos são bem diferentes *em espécie*. A primeira relação é a de afinidade e a segunda a de filiação.

Também parece óbvio para nós que a relação entre mãe e filho, embora diferente da relação entre pai e filho, é contudo da mesma espécie geral desta e novamente uma relação de filiação. Agora, Fortes e seus adeptos afirmam que este caso é universal – que as relações entre uma criança e *qualquer um* dos seus pais são do mesmo tipo básico, relações de filiação.

Fortes afirma que é necessário conservar isto porque qualquer outra opinião "tornaria o tabu de incesto sem sentido". Assim como Malinowski, ele está preparado com bases psicológicas dogmáticas para repudiar as opiniões *trobriand* a respeito do seu próprio sistema social (Fortes, 1959b, p. 194).

A abordagem contrária, – e a minha heresia – é que devemos aceitar cada caso como ele é. Se em Trobriand se diz – como é dito em palavras e fatos – que o parentesco entre um pai e seu filho é praticamente o mesmo que entre primos cruzados masculinos ou entre cunhados, mas completamente diferente do que há entre uma mãe e seu filho, então temos que aceitar o fato de que é realmente assim. Estaremos nos enganando e a todos, se chamarmos esse parentesco de filiação.

Minha divergência com o Prof. Fortes neste assunto versa sobre tal ponto. Parece-me que, no seu emprego da expressão "filiação complementar", ele tenta estabelecer, como sendo universal, um fenômeno especial etnográfico que observou entre os Tallensi e os Ashanti.

Da minha parte, não estou ansioso em demonstrar coisa alguma. Apenas estou interessado em discernir *possíveis* padrões gerais nos fatos específicos de etnografias particulares.

Vejamos se podemos examinar essa questão, não como um problema de estrutura social comparativa, nem de polêmica verbal, mas como um caso de padrão estrutural generalizado (matemático).

Segundo o princípio fundamental do método antropológico de Malinowski deveríamos considerar o sistema como um todo e examinar as conexões entre as suas partes. Assim, em sua opinião, todos os seguintes fatos *trobriand* estão intimamente relacionados:

1) Supõe-se que um pai não tem conexão biológica com seu filho.

2) Um filho tem o mesmo sangue da mãe e dos seus *siblings**; o pai é aparentado ao filho na condição de "marido da mãe".

3) O casamento é virilocal; um rapaz ao casar instala sua casa na aldeia do irmão da sua mãe e sua esposa vive aí com ele. Após o

---

* *Sibling* – esta é uma expressão antropológica consagrada que se refere igualmente a irmãos e irmãs, reais e classificatórios. A expressão *sibling group* foi traduzida por *grupo fraterno*. (N. do T.)

casamento, irmãos e irmãs vivem em aldeias diferentes. Devem evitar-se mutuamente.

4) Os "parentes consanguíneos" de um indivíduo – seus parentes matrilineares – nunca estão sob suspeita de feitiçaria ou bruxaria; afins, incluindo esposas e filhos, estão muitas vezes sob esta suspeita.

5) Consideram os filhos semelhantes aos pais, mas não às mães.

6) Durante toda a vida de um homem, o irmão da sua esposa lhe dará um presente anual em alimentos.

7) Por ocasião da morte do marido, os homens da sua linhagem fazem grandes pagamentos à linhagem da esposa. Todas as atividades relacionadas com a disposição do cadáver serão executadas pelos membros desta última linhagem.

A lista de fatos relevantes e relacionados entre si poderia ser estendida indefinidamente, mas estes são os itens aos quais o próprio Malinowski parece ter dado mais peso (ver Fig. 1).

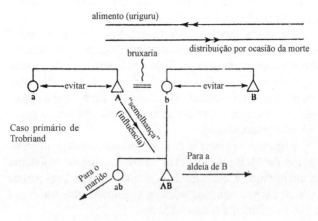

FIG. 1

Todos nós hoje em dia aceitamos este princípio da interconexão funcional de itens do comportamento cultural, mas a *generalização* exige um tratamento dos dados exatamente oposto. Se vamos generalizar, um pequeno agrupamento de fatos relacionados entre si deve ser tratado isoladamente, expressando um princípio particular do mecanismo social.

Considerem agora a Fig. 2 e vejam-na como uma versão generalizada do centro da Fig. 1. Quero considerar as relações de filiação *não* em relação ao sistema como um todo, mas uma em relação à outra.

Falando de "função" de um modo *generalizado*, não é suficiente especificar a relação entre determinados fatos empíricos; devemos dar um sentido genuinamente matemático ao nosso conceito de função e começar a pensar em termos de razões e variações de razões.

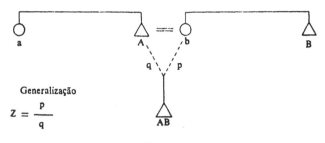

Fig. 2

Esqueçam agora, por favor, a minha lista de características culturais e voltem sua atenção ao diagrama (Fig. 2). Tentem considerá-lo como uma expressão matemática e esqueçam por um momento que ele originalmente derivou da etnografia de Trobriand. Quero "generalizar" esse padrão. Em vez de usar um termo muito conotado como *filiação*, empregaremos álgebra. A filiação com o pai = "q", a filiação com a mãe = "p".

A razão p/q é uma função matemática que varia conforme as variações de "p" e "q". Como foi indicado acima, quero considerar esses itens como variáveis topológicas e não como quantidades mensuráveis.

Se denominarmos esta função de "z", está claro que "z" tem um número infinito de valores entre 0 e infinito. O caso *trobriand* representa evidentemente um extremo:

$$q = 0; p = 1; z = \text{infinito}.$$

O extremo oposto seria:

$$p = 0; q = 1; z = 0.$$

E há também um caso especial e interessante, localizado no meio aproximadamente:

$$q = p; z = 1.$$

Na grande maioria dos casos temos que esperar que tanto "p" como "g" contenham valores, mas os casos excepcionais em que tanto "p" como "q" são zero apresentam evidentemente grande interesse.

Não estou tentando argumentar que possamos usar a matemática para resolver problemas de antropologia. Pretendo apenas que a abstração da afirmação matemática tem grandes méritos em si mesma. Traduzindo fatos antropológicos para uma linguagem matemática, embora primitiva, evitamos o excessivo emaranhado de fatos empíricos e conceitos muito carregados.

Os matemáticos ao escrever equações não se preocupam muito se um dado exemplo será "real" ou "imaginário", mas estou preparado para admitir que os únicos tipos de padrão estrutural que interessam ao antropólogo são aqueles que realmente ocorrem.

Bem, as minhas equações representam situações reais ou imaginárias?

Que tal, por exemplo: $z = 0$; $q = 1$; $p = 0$? Evidentemente um caso impossível; pois implicaria uma sociedade em que a criança não tem ligação com a mãe, o que seria absurdo. Mas esperem. Por que absurdo? Por que mais absurdo do que no caso apresentado por Malinowski, em que o filho não tem parentesco com o pai? Matematicamente falando, os dois casos são precisamente iguais; o mérito da equação matemática está em permitir que se veja de imediato as semelhanças de padrão neste sentido.

Agora, o MALINOWSKI de *The Family among the Australian Aborigenes* teria aceito essa equivalência, pois ele argumenta explicitamente que tanto a maternidade como a paternidade são determinadas sociologicamente (MALINOWSKI, 1913, p. 179). Mas ao Malinowski posterior, que ridicularizava Briffault pela sua noção acerca da maternidade grupal (MALINOWSKI, 1930, pp. 134-7) certamente teria parecido absurdo falar em "filhos que não têm parentesco com as mães". Em todos os seus trabalhos sobre Trobriand, Malinowski foi confundido por uma tendência derivada da psicologia freudiana, que lhe tornou impossível distinguir com clareza as relações de tipo biológico e psicológico das relações puramente sociológicas; os sucessores de Malinowski – sobretudo o Prof. Fortes – foram prejudicados, creio, precisamente pelo mesmo envolvimento excessivo, em fatos empíricos do caso.

Em que tipo de sociedade podemos afirmar que o filho não tem ligação com a sua mãe – no sentido de que não há vínculo de filiação social entre mãe e filho? O inverso do argumento *trobriand* é claramente aplicável. Se há uma sociedade em que a ligação entre uma criança e sua mãe é totalmente diversa daquela existente entre uma criança e seu pai, mas apresentando muito em comum com as relações entre primos cruzados e entre cunhados, então essa relação mãe/filho não pode ser sensatamente descrita como sendo de filiação. É antes uma relação de afinidade traçada através do pai.

Há muitas formas de ideologia que poderiam formar a base para tal padrão de ideias. O requisito essencial é que as relações "p" e "*q*" deveriam ser simbolizadas diferentemente, não só em qualidade como em espécie. Os Tikopia representam um caso assim. Eles afirmam que a substância da criança se origina no sêmen do pai e nada deriva do corpo da mãe. No entanto, os membros da criança são moldados pela Divindade Feminina – um ser que parece ter a aparência mística não só da própria mãe, mas de toda a sua patrilinhagem (FIRTH, 1936, p. 481).

Um contraste análogo nos é fornecido pela crença comum na Ásia de que a estrutura óssea da criança deriva do sêmen do pai, enquanto as partes macias carnosas são feitas do sangue e do leite da mãe (LÉVI-STRAUSS, 1949, Cap. XXIV). Os Kachin, da Birmânia Setentrional, complementam esta afirmação com um argumento metafísico. Dizem que a criança adquire sua alma (*minla*) apenas no momento do nascimento, quando começa a respirar, não sendo a alma, de forma alguma, derivada da mãe. Assim, a *minla* não é propriamente hereditária; a criança adquire esta alma do seu meio imediato e é, pois, importante que a criança nasça na casa de seu pai (GUILHODES, 1922, pp. 134, 175). Consequentemente, uma patrilinhagem localizada é conhecida como um *dap* (lar), isto é, as pessoas nascem e crescem em uma ala de uma casa.

Nas mesmas sociedades de Assã/Birmânia que enfatizam deste modo a unidade substancial do filho com o corpo e a casa de seu pai, verificamos que a linhagem do parentesco contém uma categoria geral especial que poderia ser traduzida como "parentes afins do lado da esposa". Esta categoria inclui não só todos os homens tachados de "irmão da esposa" e "sogro", mas também todos os classificados como "irmão da mãe" e todas as mulheres classificadas como "mãe". (Exemplos dessas amplas categorias afins são o termo *jinghpaw mayu* e o termo *lakher patong* – veja os Caps. II, III e V adiante.)

Estes são, todos, modos diferentes de afirmar que as relações "p" são radicalmente diferentes das relações "q" e que a relação maternal se aproxima da afinidade, mas isto não é suficiente. Algo mais além de metáfora e metafísica é necessário, se pretendo convencê-los de que nestas sociedades a relação mãe/filho em termos sociológicos é antes de afinidade do que de filiação.

Felizmente do meu ponto de vista possuímos uma etnografia extremamente detalhada de um destes grupos – os Lakher (PARRY, 1932). Ao contrário de alguns de seus vizinhos, os Lakher reconhecem o divórcio e ele é frequente. Acham, no entanto, que o filho de um homem devidamente casado é exclusivamente seu e sua esposa divorciada não tem direitos de espécie alguma sobre ele. Segue-se que, se uma mulher tem um filho e uma filha de dois maridos diferentes, as crianças não são consideradas parentes entre si. Poderão, portanto, casar-se sem restrições. Ao contrário, o filho e a filha de um mesmo pai, mas de mães diferentes, estarão em relação incestuosa se se casarem. (PARRY, 1932, p. 293).

Este é, sem dúvida, o caso que procurávamos. Assim como os Trobriand são um caso extremo no sentido de que o pai não tem laços consanguíneos com os filhos da sua esposa, estando ligado apenas à mãe deles como um afim, também os Lakher são um caso extremo no sentido de que a mãe não tem laços de parentesco com os filhos do seu marido, estando ligada apenas ao pai deles como uma afim.

Finalmente, eu completaria o argumento se pudesse demonstrar que as leis permitem a um Lakher desposar sua própria mãe divorciada, parece-me entretanto, que nem os

Lakher nem seu etnógrafo consideraram esta bizarra possibilidade!

No entanto, há uma série de outros costumes Lakher que sustentam a minha tese. O tributo da morte (*ru*) (*op. cit.*, pp. 418-19), por exemplo, é pago em nome do *homem* falecido pelo seu filho mais velho (ou outro herdeiro masculino) ao seu *pupa*, isto é, a um homem da patrilinhagem da mãe do falecido. Mas, no caso da morte de uma *mulher*, esse tributo é pago pelo marido a um homem da patrilinhagem da própria falecida. Se seu marido já tiver falecido, o tributo deverá ser pago pelo filho mais novo. Supondo que haja uma lógica comum nessas substituições, é evidente que o pagamento é feito por homens da linhagem do marido (*ngazua*) a homens da linhagem da esposa (*patong*) e o pagamento garante a sobrevivência de um laço afim, temporariamente rompido pela morte. Mas note-se que, nestas transações, o filho de uma mulher falecida pode agir como delegado pelo seu marido, quer dizer, o filho parece estar ligado à mãe como um afim (*ngazua*).

Nenhum *ru* é pago pelas pessoas solteiras, mas uma taxa de morte diferente, chamada *chhongchhireu*, é paga, nesse caso, pelo pai do morto ao irmão da mãe do mesmo, novamente uma indicação de que o irmão da mãe é considerado como parente afim (*op. cit.*, p. 428). Entre alguns grupos Lakher é paga ainda outra taxa de morte, chamada *chachhai*, pelo herdeiro de um morto ao irmão da viúva. Os Lakher explicaram essa última instituição dizendo que "um homem ao morrer abandonou a esposa, devendo por isso seu herdeiro pagar uma multa aos parentes do homem falecido como compensação pela conduta inconsiderada de deixar a esposa sem um protetor". Aqui novamente a obrigação é considerada como um aspecto de afinidade e não de parentesco uterino; o fato de que o "herdeiro" em questão seria comumente o filho da esposa não é considerado.

Embora não se possa demonstrar que os Lakher tolerariam relações sexuais entre um homem e sua própria mãe, entre os Kachin, que são muito semelhantes, e entre os quais o divórcio é impossível, tais relações seriam tratadas antes como adultério (*shut hpyt*) do que como incesto (*jaiwawng*) (LEACH, 1954, p. 137, cf. GOODY, 1956a). Também no caso contrário, um homem de Trobriand pode coabitar regularmente com sua própria filha ou enteada sem cometer o pecado de incesto (*suvasova*) embora tais relações sejam consideradas moralmente censuráveis por outros motivos (Malinowski, 1932a, pp. 445-9). Diz Malinowski que essas relações não poderiam nunca ser legitimadas como casamento, mas não fica claro o que pretende dizer com isto. Um casamento *trobriand* é legitimado quando os parentes masculinos matrilineares da esposa pagam o *urigubu* – presentes de colheita – ao marido (cf. Powell, 1956, p. 349). No caso de um homem coabitar com sua própria filha, essa exigência está preenchida de qualquer forma. A objeção moral *trobriand* está, de fato, precisamente nisso. Desde que o marido já está recebendo os pagamentos *urigubu* pela esposa, ele não pode esperar ter acesso sexual também à filha (Malinowski, 1932a, p. 446).

Note-se que, em ambos os casos "extremos", a aliança por afinidade entre a linhagem do pai e a da mãe é expressa por obrigações econômicas duradouras e elaboradamente definidas. A exigência de que um filho casado *trobriand* contribua com presentes de colheita *urigubu* ao seu pai, tem seu paralelo no pagamento feito por um Lakher ao irmão da sua mãe e aos filhos masculinos do irmão de sua mãe. Ambos os pagamentos têm sua base em um contrato de casamento e não estão de modo algum relacionados com qualquer reconhecimento de uma substância corporal comum (Parry, 1932, p. 244).

De qualquer modo essa é a minha leitura dos fatos, embora aqueles que discordarem de mim possam, sem dúvida, inverter o assunto. O próprio Parry sob a influência de Hutton, supôs que as peculiaridades da relação irmão da mãe/filho da irmã, que ele registrou entre os Lakher, demonstravam "traços de um sistema matrilinear muito recente" (*op. cit.*, p. xiii). Embora esta doutrina evolucionista me pareça totalmente errada, é apenas marginalmente diferente das opiniões correntemente defendidas por Fortes (1959b) e Goody (1959). Este último (pp. 82-83) argumenta que num sistema patrilinear em que a propriedade é transmitida entre os parentes agnáticos masculinos, os filhos dos *siblings* residuais (*i.e.*, os filhos das irmãs) são considerados como membros de segunda classe da patrilinhagem; assim o filho da irmã tem apenas uma fraca pretensão à propriedade do irmão da mãe em virtude da posição de sua mãe na patrilinhagem do seu irmão. Pode haver, sem dúvida, sociedades que sejam assim, mas sugerir que os Lakher sejam uma delas me parece ir diretamente contra a evidência.

Afirmo, pelo contrário, que a evidência mostra claramente que as obrigações que ligam um Lakher ao seu *papa* (irmão da mãe ou filho do irmão da mãe) e também ao *pupa* de sua mãe são parte de um complexo de obrigações econômicas estabelecidas pelo casamento. São obrigações entre homens de patrilinhagens ligadas por aliança de casamento, *não* tendo suas raízes em noções de filiação entre mãe e filho.

O casamento patrilinear dos Lakher não é o único desse tipo. Há muito tempo, Fílon relatava que entre os espartanos um homem poderia desposar a filha da sua mãe, quando esta tivesse outro pai. McLennan, ao comentar esse fato, considerou-o incrível e o deixou de lado como sendo obviamente um erro etnográfico (McLennan, 1876, p. 177). Apesar disso, seus comentários merecem citação, pois demonstram que ele avaliou plenamente a significação do caso. O seu texto diz: "... o relato de Fílon, de que os espartanos permitiam a um homem casar-se com sua irmã uterina, mas não com sua irmã germana, ou irmã por um mesmo pai... nos parece incrível – em desacordo com a lei antiga e com os hábitos dos lacedemônios". Mas acrescenta no rodapé: "O leitor poderá suspeitar que seja um vestígio da rigorosa lei agnática. Mas pelas razões apresentadas no texto, consideramos que essa opinião deve ser excluída. *O sistema de relação, apenas através dos homens, nunca foi em nenhum caso bem autenticado, desenvolvido em uma regra assim como esta*" (os grifos são meus).

Há também o caso dos Tikopia, que parecem considerar a coabitação entre meios-irmãos do mesmo pai como incestuosas, enquanto que o casamento entre os meios-irmãos da mesma mãe lhes parece apenas singular (Firth, 1936, p. 330). É fato que em Tikopia o divórcio e o novo casamento de viúvos são ambos raros, existindo uma aversão geral por casamentos entre parentes muito próximos. Deste modo, a possibilidade de uniões domésticas entre meios-irmãos não é frequente. Firth relata apenas dois casos. A coabitação entre meios-irmãos do mesmo pai era tolerada, mas a união foi estéril e fortemente recriminada. A união doméstica entre meios-irmãos, filhos da mesma mãe, no entanto, produziu uma família grande que não sofreu nenhum estigma.

Sem dúvida, a maioria das sociedades humanas se encaixa em algum lugar entre os meus dois extremos. Geralmente um filho está ligado a ambos os pais por laços diretos de filiação e não simplesmente pelo fato de seus pais estarem casados. Concordo também que, em uma proporção substancial desses casos intermediários, o conceito de Fortes sobre "filiação complementar" possa ter utilidade analítica, mas o padrão geral deve incluir os limites extremos. Por isso, prefiro minha formulação algébrica.

De certa forma, tudo isso é muito elementar. Alguns dos senhores que ensinam antropologia social poderão protestar que, deixando de lado a álgebra, este é o tipo de assunto que apresentamos a estudantes do primeiro ano da universidade em seu primeiro semestre de estudos. E eu concordo; mas *pelo fato de* deixarem de lado a álgebra, os senhores precisam falar sobre descendência e filiação, parentesco fora do clã, paternidade sociológica e assim por diante, e, a cada passo, seus alunos vão ficando cada vez mais confusos. Em contraste, o que estou dizendo é tão fácil que mesmo professores deveriam ser capazes de entender! Não é a álgebra que confunde, mas a sua falta. Afinal, os senhores que são profissionais, há muito estão familiarizados com os fatos etnográficos de Trobriand e dos Kachin, mas suspeito que *não* tenham, até este momento, percebido que eles representam dois exemplos do mesmo padrão – os senhores foram incapazes de percebê-lo porque estavam envolvidos pelas categorias convencionais da classificação estrutural. Agora que assinalei o padrão matemático, a semelhança é óbvia (Fig. 3, (a), (b)). Mas deixem-me repetir. Não digo que devam tornar-se matemáticos. Tudo o que peço é: não iniciem suas discussões com muitos conceitos carregados de significação, conceitos que prejulgam todo o problema.

O mérito de colocar uma afirmação em forma algébrica está em que uma letra do alfabeto é tão boa ou ruim quanto qualquer outra. Ponham a mesma afirmação em linguagem de conceitos, com palavras como paternidade e filiação entremeadas, e Deus os ajude!

Meu tempo está terminando e não suponho tê-los convencido ainda de que minha técnica de "generalização" realmente nos revele algo de novo, mas tentarei mais uma vez.

Até aqui lidamos apenas com a metade da história. Minha primeira variável "z", que é a razão entre matrifiliação e patrifiliação, corresponde, em nível etnográfico, a variações na ideologia da herança genética.

Em ambos os extremos, a criança de Trobriand deriva a sua substância exclusivamente do sangue materno, enquanto a criança Kachin é o produto ósseo do sêmen do pai. Nos casos mais normais, em que as crianças são filiadas a ambos os pais (como no caso dos patrilineares Tallensi), elas recebem deles sua substância física.

Mas isso não leva em consideração a curiosa afirmação de Malinowski de que a criança de Trobriand deva parecer-se com o marido da mãe e não com a mãe ou qualquer outro parente do clã materno. E nem expliquei a que os Kachin estão aludindo quando dizem que a carne e o sangue de uma criança vêm da mãe, não ocorrendo o mesmo com os seus ossos.

Não os incomodarei com a álgebra desta vez, mas espero que possam ver que se tomarmos a evidência de Trobriand como sendo extrema numa direção, então o extremo oposto seria uma sociedade na qual os filhos se assemelhariam às mães, mas não aos pais. E é isso precisamente o que na verdade encontramos. Os Kachin da Birmânia Setentrional têm uma organização patrilinear muito semelhante àquela dos Lakher que mencionei agora mesmo; apesar da sua patrilinearidade, eles acham que uma criança deve parecer-se à mãe e não ao pai – a antítese exata, como veem, do caso apresentado por Malinowski.

No campo isso me confundiu completamente, porque se me apresentavam fatos empíricos demais. O fato principal foi um porco premiado. O Governo, com uma despesa enorme, havia importado da Inglaterra um varrão Berkshire premiado. Os habitantes da aldeia foram instruídos para castrar seus próprios porcos machos e deixar que todas as porcas tivessem contato com o varrão. O varrão foi um sucesso; ninguém falava de outra coisa – um desses milagres passageiros, mas a cooperação ativa no esquema foi virtualmente nula. Foi então que aprendi que os porcos dos Kachin derivam todas suas características físicas da porca; sendo assim, para que pode servir um varrão premiado?

Os porcos matrilineares me pareceram um fenômeno curioso e assim passei naturalmente a dedicar-me ao assunto. Aprendi então que a mesma coisa se aplica também aos seres humanos – a mãe alimenta a criança no seu ventre e no seu seio e por causa disso o rosto de um homem (*myi-man*) vem dos seus afins maternos (esta palavra para rosto, como no equivalente chinês, significa "reputação" e também "fisionomia"). A ideia de que a aparência e reputação provenham ambas do lado materno combina com a ideia de que mulheres que são bruxas podem infeccionar por contágio seus maridos e filhos. A manifestação suprema disso ocorre quando uma mulher morre no parto; ela é considerada uma bruxa da espécie mais nociva, e antigamente todos os pertences da casa do marido, inclusive a própria casa, tinham que ser queimados para desinfetar a comunidade.

O ponto crucial a ser notado aqui, é ter-se pensado que o feitiço era transmitido através da comida que a mulher preparava – o marido estava tão sujeito à infecção quanto as crianças. As fontes originais deixam claro que a feitiçaria dos Kachin é mais contagiosa que hereditária. Em termos estruturais, a bruxaria dos Kachin está associada com a afinidade e *não* com a filiação (GUILHODES, 1922, pp. 182-5, 296; HANSON, 1913, pp. 143 e ss., 173-4; LEACH, 1954, pp. 179 e ss.

Se compararmos este caso dos Kachin com o dos habitantes de Trobriand, torna-se claro que estamos preocupados com um único padrão de ideias que, na sua forma geral, engloba algo *além* da noção de filiação. Em ambas as sociedades, há um conceito de filiação que é considerado como influência genética e é simbolizado pelo dogma da substância comum; mas há também algo diferente, a ideia da influência mística, que pode ser independente de *qualquer* laço de sangue ou osso.

Há nisso tudo mais do que um simples jogo de palavras e interpretação dos símbolos. FORTES (1959b) disse que se "poderia considerar a filiação complementar como o parentesco recíproco da relação afim nos laços do casamento", mas esta terminologia está sujeita a criar confusão. Em primeiro lugar, já que a expressão "filiação complementar" só tem sentido em associação com a descendência unilinear, o argumento de Fortes implicaria que relações afins ocorrem apenas no caso de descendência unilinear, o que é claramente absurdo. Em segundo lugar, em vista da distinção que Fortes traça entre filiação e descendência, sua fórmula conduz à afirmação de que "a relação afim no laço do casamento" é uma categoria que se pode aplicar apenas às relações entre indivíduos. Mas empiricamente, não é este o caso. A expressão *jinghpaw mayu/dama* e categorias análogas em outras partes denotam relações duradouras de aliança afim entre grupos inteiros de pessoas. É muito enganador considerar tais relações de grupo como sendo "recíprocas" de qualquer relação particular entre um pai ou mãe (individual) e uma criança (individual).

No Capítulo 3 deste livro, mostro como tais relações duradouras de aliança afim são expressas na transferência de bens e em noções de *status* político diferencial. Mas aqui estou me referindo a algo ao mesmo tempo mais geral e mais metafísico. Minha proposição é que a relação por nós indicada pela palavra "afinidade" é com frequência expressa culturalmente como "influência mística", mas isso, por sua vez, é apenas uma instância especial de algo mais geral, a oposição lógica entre unidade através de incorporação e unidade através de aliança.

Em cada um dos meus exemplos (Fig. 3), vemos que certas ideias se agrupam para formar um padrão (um "conjunto" topológico), e que os elementos do padrão se dividem para formar uma oposição de categoria. Desse modo, em Trobriand a influência mística está ligada à aparência física, mas se opõe ao parentesco de sangue. Com os Kachins a influência mística está ligada à aparência física, à carne e ao alimento, mas está em oposição ao relacionamento de osso. Com os Tallensi, a influência genética está associada ao sangue *e* osso *e* aparência física e pode ser derivada de ambos os pais, mas é oposta a uma forma de influência mística chamada *tyuk* e a uma tendência à feitiçaria, ambas derivadas apenas dos parentes maternos. Neste último caso, as categorias opostas se sobrepõem, mas mesmo assim, como Fortes mostra claramente, os *dois* tipos de influência, a genética e a mística, são, na opinião Tallensi, bem distintos (FORTES, 1949, p. 35; também *index ref. a yin*).

As distinções de categoria envolvidas nestes diferentes casos são todas praticamente do mesmo tipo, mas *não* são idênticas, e seria enganoso tentar enquadrá-las numa tipologia, aplicando-lhes rótulos precisamente definidos tais como filiação, descendência e afinidade. Em vez disso, sugiro que os fatos possam ser generalizados em uma fórmula que seria algo assim:

"Um casamento cria uma aliança entre dois grupos, A e B. Os filhos do casamento podem estar ligados a um ou a ambos os grupos por incorporação, permanente ou parcial, mas também podem estar ligados a um ou a ambos os grupos em virtude da própria aliança do casamento. Os símbolos que venho discutindo – de osso, sangue, carne, alimento, influência mística – discriminam, de um lado, entre incorporação permanente e parcial e, de outro, entre incorporação e aliança. São variáveis significantes em todas as sociedades e não meramente em sistemas unilineares de um tipo particular".

O valor dessa generalização está em nos convidar a um reexame do material familiar de um ponto de vista novo. Meus casos, por exemplo, indicam que a distinção entre incorporação e aliança é sempre expressa pela diferença entre substância comum e influência mística – e, decerto, é exatamente isso que os Tikopia falam, quando um homem se refere ao seu próprio filho como *tama* (filho), mas ao filho do marido da sua irmã como *tama tapu* (filho sagrado)? Contudo, não o encontrarão mencionado nas páginas de *We, the Tikopia*.

Talvez eu possa elaborar este ponto. O detalhe excepcional do material etnográfico de Firth é um convite constante a todo leitor para tentar "repensar" as explicações articulares que o próprio Firth nos dá. A discussão de Firth sobre a relação *tuatina/tama tapu* (irmão da mãe/filho da irmã) é muito vasta, mas em nenhuma parte ela serve para

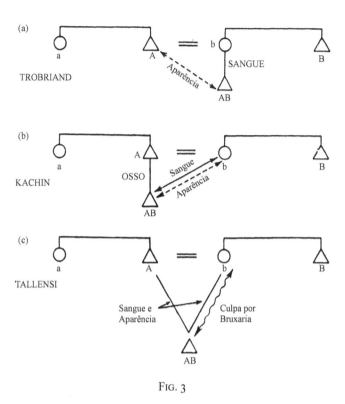

Fig. 3

explicar por que motivo este último deva levar o epíteto "filho sagrado". A posição geral de Firth parece ser semelhante àquela adotada por Goody no artigo que critiquei anteriormente; o leitor de *We, the Tikopia* tem a impressão de que o filho da irmã é uma espécie de membro de segunda classe na patrilinhagem (*ramages*) do Ego e o parentesco é o que Fortes e Goody descreveriam como "parentesco extraclânico". A meu ver, Firth considera que os presentes recebidos pelo *tama tapu* de seu *tuatina* têm origem nos direitos de herança baseados em algum tipo de princípio de descendência (FIRTH, 1936, pp. 224-5, 279 e ss.). No entanto, isso parece pouco consistente com o fato de que, embo-

41

ra um homem tenha certos direitos de usufruto da terra pertencente à patrilinhagem da mãe, perde esses direitos assim que a sua mãe morre (*op. cit.*, p. 391).

Em contraste, eu sugeriria que a descrição "filho sagrado" tem um ajuste lógico com a noção de que a criança é formada no ventre materno pela Divindade Feminina associada com a patrilinhagem da mãe (*op. cit.*, p. 481) e que essa mesma Divindade Feminina tem poder temporário sobre a alma de um homem durante o processo intricado de transição da vida para a morte (FIRTH, 1955, p. 17). Isto implica certamente que o(a) filho(a) da irmã tenha uma ligação mais mística do que real com membros da patrilinhagem do Ego? As anotações meticulosamente detalhadas de Firth sobre as atitudes de Tikopia, face à relação *tuatina/ tama tapu* parecem plenamente de acordo com isto. Os próprios Tikopia parecem considerar este parentesco antes como sendo uma ligação afim entre linhagens inteiras do que um simples laço entre indivíduos (FIRTH, 1936, p. 213).

Mas deixem-me repetir. Pondo de lado a polêmica, a principal hipótese generalizada que até aqui emergiu desse ensaio é que, em *qualquer* sistema de parentesco e casamento, há uma oposição ideológica fundamental entre as relações que dotam um indivíduo da pertinência a algum tipo de "nosso grupo" (relações de incorporação) e aquelas outras relações que ligam um "nosso grupo" a outros grupos semelhantes (relações de aliança), e que, nessa dicotomia, as relações de incorporação são distinguidas simbolicamente como sendo de substância comum, enquanto as relações de aliança são consideradas como de influência metafísica.

A primeira parte dessa hipótese tem ligação óbvia com a distinção entre o sistema "interno" e o sistema "externo" a que HOMANS (1951) e FORTES (1959b, p. 194) têm dado ênfase. A última parte, embora relacionada a FORTES (1959a), é nova.

À primeira vista, poder-se-ia supor que a proposição é facilmente refutável, pois, embora seja verdade que em muitas sociedades se espera que a ameaça de ataques sobrenaturais ("influência metafísica") venha de "estranhos" – notadamente de parentes afins e associados políticos – há casos bem conhecidos em que ocorre o contrário. Assim, entre os Ashanti, que são matrilineares, o feiticeiro é geralmente um parente de linhagem (Rattray, 1927, p. 30) e o mesmo ocorre com os Tiv, que são patrilineares (Bohannan, 1953, p. 85). Além disso, entre os grupos patrilineares da Polinésia é a irmã do pai que deve ser especialmente respeitada para que não invoque sanções sobrenaturais (Firth, 1936, p. 222; Mabuchi, 1958).

Mas a minha proposição não é tão facilmente refutável. A "influência mística" que tem sido discutida neste trabalho é do mesmo tipo daquilo que nós ingleses indicamos pela palavra *fate* (destino) que os Tallensi denominam pelo termo *yin*, e que Fortes identificou com a expressão "destino pré--natal" (Fortes, 1959a). É um poder além do controle humano. Minha tese é que – pelo menos desta vez o Prof. Fortes e eu parecemos estar de acordo – em qualquer caso particular as ideias referentes a tal influência mística *não controlada* devem servir para especificar algo sobre a estrutura social. Um indivíduo é considerado sujeito a certas formas de influência mística devido à posição estrutural em que se encontra e não devido à malícia intencional ou favor de qualquer outro indivíduo.

Doutrinas dessa espécie são bastante distintas daquelas que credenciam indivíduos particulares com capacidade de punir malfeitores ou atacar seus inimigos por meios sobrenaturais secretos.

Alguns exemplos servirão para ilustrar esta distinção.

Na ideologia da bruxaria Kachin, supõe-se que a feiticeira seja uma agente inconsciente e involuntária; ela traz desgraça para seu marido e seus filhos, não porque queira fazê-lo, mas porque tem a infelicidade de ser hospedeira de um espírito feiticeiro (*hpyl*). Ela é uma pessoa manchada de contágio, sem culpa própria, e em consequência (na minha terminologia) ela afeta suas vítimas através de "influência mística não controlada". Contrasta com isso a doutrina Ashanti que presume as bruxas como pessoas adultas, completamente conscientes de seus delitos, recebendo treinamento e iniciação especiais em suas artes nefandas (Rattray, 1927, pp. 28-31).

Segundo eu a entendo, a bruxaria Ashanti não é "influência mística não controlada", mas sim, uma forma de "ataque

43

sobrenatural controlado". Neste sentido ela é análoga a concepções tais como a ameaça da maldição da irmã do pai em Samoa, ou a ameaça de feitiçaria do chefe em Trobriand e Tikopia; as pessoas que manejam tal autoridade sobrenatural *controlada* são pessoas que impõem respeito (MEAD, 1930, p. 146; 1934, pp. 309, 310, 314, 356; FIRTH, 1936, p. 222; MALINOWSKI, 1932b, p. 85 e s.; FIRTH, 1959, p. 145).

O material Nyakyusa de Monica Wilson apresenta esta distinção claramente. Na crença Nyakyusa, a feitiçaria "boa" e a "má" são ambas consideradas como formas de "ataque sobrenatural controlado", mas enquanto um mau feiticeiro *adquire* sua bruxaria inconscientemente por influência da esposa de seu pai, um bom feiticeiro ("defensor") *adquire* sua bruxaria intencionalmente, tomando remédios (WILSON, 1949, pp. 24, 98-102).

A evidência Kachin ilustra o mesmo ponto de modo diferente. Os Kachins realizam o "ataque sobrenatural controlado" invocando o Espírito da Maldição, chamado *Matsa Kanu* (GILHODES, 1922, pp. 292-3). Este nome é uma combinação de duas categorias de parentesco *tsa* (sogro, irmão da mãe) e *nu* (mãe); engloba uma formulação da teoria Kachin de que o poder de amaldiçoar e o poder da feitiçaria são do mesmo tipo e emanam da mesma fonte – a saber, dos parentes afins do lado materno (*mayu*). O feiticeiro emite este poder *inconscientemente*, tendo sido contagiado por uma influência mística não controlada: o homem que amaldiçoa um adversário invoca precisamente o mesmo poder mas o faz *conscientemente*.

Como demonstração de que minha generalização topológica tem alguma utilidade prática, proponho agora desenvolver essa distinção de modo a provocar um comentário sobre um dos tópicos clássicos da teoria antropológica.

Os antropólogos têm uma série ampla e variada de explicações funcionalistas para o fato de que os costumes muitas vezes exigem que um homem adote uma forma de comportamento especial, ou até bizarra, para com a irmã do pai ou o irmão da mãe. A maioria dessas explicações focaliza-se em argumentos sobre ambiguidades nos princípios de descendência e direitos de herança (p. ex., GOODY, 1959). Cada tipo de explicação ilumina material específico devidamente selecionado, mas nenhuma delas é de todo convincente como contribuição para a teoria geral. O material que apresentei agora sugere que o tópico todo poderia ser frutiferamente considerado de um ponto de vista bastante novo – a saber, o grau de coincidência entre noções de "influência mística não controlada", de um lado, e noções de "ataque sobrenatural controlado", de outro. Estas variáveis opostas podem ser consideradas como formando um conjunto topológico.

Para sermos breves, representaremos a "influência mística não controlada" pelo símbolo x e o "ataque sobrenatural controlado" pelo símbolo y e em seguida consideraremos a incidência das noções de x e y conforme relatadas pelas sociedades que estamos discutindo neste trabalho.

TIKOPIA: x e y estão separados; x vem da mãe; y, da irmã do pai.

LAKHER x e y coincidem, ambos vêm do *patong* (KACHIN): (*mayu*), ou seja a patrilinhagem do irmão da mãe.

TROBRIAND: x e y não coincidem necessariamente, mas podem fazê-lo; x vem do pai; y vem de parentes afins (como expressão de malícia) ou do chefe (como expressão de autoridade legítima).

ASHANTI: x e y estão separados; x vem do pai; y das mulheres adultas da matrilinhagem de Ego.

TALLENSI: x e y estão separados; x deriva do parente uterino; y dos ancestrais patrilineares de Ego.

Esta variação-padrão está longe de ser casual, pois o grupo de coincidência entre x e y corresponde ao grau em que a aliança afim joga uma parte na estrutura política da sociedade. Conforme os Capítulos 3 e 5 deste livro, os Kachin e os Lakher são sociedades em que os laços afins de chefes e de cabeças de linhagem têm uma permanência estrutural comparável àquela proporcionada pela ideia de perpetuidade de linhagem em sistemas de descendência unilinear. Por outro lado, entre os Tikopia, os Tallensi e os Ashanti não existem "relações de afinidade perpétua" que possam servir para expressar relações políticas duradouras de dominação e subordinação. Mas, a esse respeito, os Trobriand apresentam um caso intermediário, pois, embora não tenham nenhum ideal de relações afins permanentes, usam o pagamento de colheita *urigubu*, o que é normalmente uma obrigação devida a afins, como artifício para expressar as obrigações tributárias do cabeça de uma aldeia a seu chefe.

A inferência geral, portanto, é que, onde x e y coincidem, relações de afinidade estão sendo empregadas para expressar domínio político.

Para o leitor que desejar verificar minhas generalizações algébricas por si, as seguintes referências serão úteis:

TIKOPIA

A prova referente à maldição da irmã do pai e à influência mística da Divindade Feminina foi citada acima. Em Tikopia, a forma de casamento serve para enfatizar sua falta de importância *política*. Uma vez estabelecido um casamento, forma-se um conjunto bastante complexo de obrigações entre a linhagem do marido e a linhagem da esposa, mas o próprio casamento dá a entender que é um "casamento por captura", em que os pais da noiva desconhecem o que está ocorrendo até que tudo seja um *fait accompli*. Este casamento por captura é "característico principalmente de famílias importantes" (Firth, 1936, p. 539), e parece levar a uma negação explícita de que os chefes estejam usando o casamento para fins políticos.

LAKHER

Parry (1932, pp. 244-5): "É *ana* (tabu) para um tio materno amaldiçoar ou insultar seu sobrinho... O mais alto termo de respeito em uso entre os Lakher é *papu* (meu tio materno) e não *ipa* (meu pai); um aldeão dirigindo-se ao chefe dirá sempre *papu*". O comportamento dos Kachin é similar; um chefe é chamado por *tsa* (irmão da mãe). O *tsa* possui atributos especiais para amaldiçoar (*matsa*); para referências que dizem respeito à significação política das alianças matrimoniais dos Lakher ver capítulo 5.

TROBRIAND

MALINOWSKI (1932a, p. 137): "É característico de suas ideias sobre laços de matrimônio e paternidade eles considerarem como artificiais e pouco dignos de confiança, em caso de tensão, que a principal suspeita de feitiçaria esteja sempre ligada à mulher e aos filhos".

Aqui a influência mística do pai sobre os filhos e filhas está separada do ataque sobrenatural controlado destes contra aquele. Por outro lado (*ibid.*, p. 190) mostra o pai controlando feiticeiras que estão sujeitas (a não ser que o pai esteja devidamente conciliado) a atacar sua filha grávida, e em numerosos contextos somos informados de como o chefe exerce sua autoridade com a ajuda de feiticeiras profissionais que obedecem ao seu comando (Por ex. MALINOWSKI,

1932b, pp. 85-6). Aqui a influência mística do pai pode coincidir com o ataque sobrenatural do pai-chefe.

Deve ser notado que a relação do chefe com seus cabeças de aldeia é tipicamente a de pai (*tama*) ou cunhado (*lubou*). O tributo que um chefe recebe de seus subordinados políticos é, de outro ponto de vista, o *urigubu* (pagamento da colheita) pago a um pai ou a um cunhado (Malinowskt, 1935, I, pp. 392-7, 414; Powell, 1956, p. 481).

ASHANTI

Com respeito às ideias sobre ataque sobrenatural, ver Rattray (1923, capítulo 2; 1927, pp. 28-31). Os Ashanti frequentemente casam-se com parentes próximos e aprovam casamentos de primos reciprocamente cruzados. Entre os tradicionais Ashanti isso era levado a tal extremo que a família real e também algumas guildas profissionais tinham um aspecto quase de casta (Rattray, 1923, p. 301; 1927, capítulos XXIX, XXX). No entanto, este tipo de endogamia de pequenos grupos não resultou em uma estrutura em que laços de aliança matrimonial pudessem servir a fins políticos.

TALLENSI

Para ideias sobre influência sobrenatural ver especialmente Fortes (1959a) e as referências a *yin* em Fortes (1949). Como um *Tallensi* não pode desposar nenhuma parente próxima, é evidente que o casamento aqui não pode servir como uma relação de aliança política, perpétua, no sentido em que venho discutindo.

Esse achado concorda com o argumento de Fortes (1959a), pois, com algumas qualificações, a teologia de Édipo de Fortes corresponde ao meu x ("influência mística não controlada"), enquanto sua teologia de Jó corresponde ao meu y ("ataque sobrenatural controlado"). Nos exemplos da África Ocidental que Fortes discutiu, x e y são noções complementares que tendem a se cancelar – as consequências inevitáveis do Destino pessoal modificam os ditames arbitrários de um Deus todo-poderoso e vice-versa, mas minha evidência adicional mostra que este equilíbrio aparente é fortuito. Há algumas sociedades em que Destino e Divindade Implacável são encontrados personificados em uma só personalidade afim, e em tais casos a relação entre ideias religiosas e autoridade política toma um aspecto muito diferente e muito especial – o *mana* do Rei e o *mana* da bruxa se fundem na pessoa do Sogro todo-poderoso.

Sem a álgebra, minha proposição x/y lê-se assim: "*influência mística não controlada* denota uma relação de aliança; *ataque sobrenatural controlado* denota uma relação de autoridade potencial de atacante sobre atacado, ou vice--versa. Onde a suposta fonte de *ataque sobrenatural controlado* é a mesma que a suposta fonte de *influência mística não controlada*, ela está em uma posição de autoridade política frente ao Ego". Desta forma, temos uma hipótese que poderia ser, em princípio submetida a teste. Na prática, suspeito que o estabelecimento de exemplos negativos convincentes poderá se revelar bastante ilusório. Por exemplo, o material que Firth apresentou recentemente sobre a relação entre médiuns e seus familiares em Tikopia e em outras partes parece, à primeira vista, um excelente caso para teste, no entanto, no que diz respeito à minha hipótese, esta evidência particular poderia ser interpretada de vários modos diferentes (FIRTH, 1959, pp. 141-6). De qualquer modo, aqui está um assunto que convida à investigação.

Toda esta digressão sobre implicações estruturais da crença metafísica foi introduzida apenas como ilustração. Os discernimentos que emergem relacionam-se com fatos que cortam as categorias convencionais da discussão antropológica, e meu objetivo tem sido o de demonstrar, através de exemplos, como um interesse excessivo na classificação de fatos etnográficos serve mais para obscurecer, do que para iluminar nossa percepção da realidade social. E aqui volto ao ponto de partida.

Surpreendem-me constantemente as proezas de ginástica mental que os antropólogos executam no seu esforço de elaborar definições e discriminações universais; exemplos notáveis são a definição de casamento de GOUGH (1959, p. 32) e a discriminação de Fortes entre filiação, afinidade e descendência (FORTES, 1959b). Minha severa opinião é que o valor destas atividades de colecionadores de borboletas é bastante efêmero e que as categorias que delas resultam deveriam ser sempre muito suspeitas. Isto aplica-se igualmente às vagas entidades topológicas da minha própria análise e aos conceitos polidos do Prof. Fortes. Precisamos compreender que o estabelecimento de categorias classificadoras nunca representa mais do que um temporário expediente *ad hoc*. Muitas dessas categorias já cessaram de servir a um objetivo útil muito antes de atingirem a distinção de serem impressas.

No que diz respeito à nossa discussão imediata, estou plenamente de acordo que, em qualquer sistema social, sempre encontraremos uma dada noção de parentesco associado em oposição a uma dada noção de aliança matrimonial, como *p* está para *q*. O que podemos comparar utilmente entre diferentes sociedades, não são estes determinados *ps* e *qs* (considerados como instituições separadas), mas a relação de *p* para *q* considerada como uma função matemática. Ou, em linguagem não métrica, precisamos pensar nas relações que ligam as crianças a seus pais, e os pais, um ao outro, como constituindo um "sistema de vizinhanças" – um espaço topológico.

Sem dúvida, muitos dos senhores irão tachar meus argumentos como sendo um exercício fútil, de falsa Matemática. Não o aceito. Creio que nós, antropólogos sociais, como os astrônomos ptolemaicos medievais, passamos o tempo tentando encaixar os fatos do mundo objetivo na armação de um conjunto de conceitos que foram desenvolvidos *a priori*, em vez de serem resultantes da observação.

Faz alguns anos, o Prof. Firth chamou a atenção para a proliferação alarmante de terminologia estruturalista. Ele observou, com susto, que linhagens máximas, maiores e mínimas tinham sido suplementadas por linhagens médias, interiores e nucleares; linhagens efetivas foram distinguidas de linhagens morfológicas; relações sociais tinham adquirido campos focais, princípios vertebrais e constelações de laços e clivagens (FIRTH, 1951a).

Isto foi em 1951, mas o processo continuou. Agora não temos apenas filiação, mas filiação complementar; não apenas *siblings*, mas *siblings* residuais. Esses ciclos e epiciclos são intermináveis.

O problema da Astronomia ptolemaica não foi o de estar errada, mas o de ser estéril – não poderia haver desenvolvimento real até que Galileu estivesse preparado para abandonar a premissa básica de que corpos celestes giravam necessariamente em círculos perfeitos, com a Terra no centro do Universo.

Nós, antropólogos, também temos que reexaminar premissas básicas e compreender que padrões mentais da língua inglesa não são um modelo necessário para toda a sociedade humana.

A premissa básica de Malinowski era que a família elementar é uma instituição universal. Fortes modificaria isso, mas conservaria uma opinião dogmática da utilidade funcional do incesto, que é muito semelhante à de Malinowski. Isto leva, logicamente, a uma aceitação das categorias inglesas e à suposição que nossas palavras consanguinidade e afinidade têm algum valor universal. É isto o que leva os antropólogos a tratar as palavras *sibling*, filiação, descendência e afinidade como termos absolutamente técnicos, que podem ser distinguidos um do outro por um raciocínio *a priori* sem referência ao testemunho etnográfico.

Minha tese contrária é que os fatos etnográficos serão muito mais fáceis de entender se deles nos aproximarmos livres de *todas* as suposições *a priori*. Nossa preocupação está no que, realmente, são as categorias sociais significantes e não no que elas deveriam ser.

Se os senhores acham que devem começar com suposições, que sejam suposições lógicas (isto é, matemáticas), tais como – que a relação social entre irmãos deve ser, necessariamente, de alguma forma, o oposto da relação social entre cunhados. Mas não penetrem em teorias psicológicas particulares e as envolvam em telas opacas de termos técnicos.

Tudo que tentei fazer aqui foi mostrar que um reexame despreconceituoso de fatos etnográficos estabelecidos, que *não* partem de uma bateria de conceitos elaborados em um estudo professoral, pode levar a algumas conclusões inesperadas.

E esta deve ser a minha conclusão – prendam-se aos fatos do caso e exercitem sua imaginação; mas não se deixem envolver tão pessoalmente pela situação, que não possam mais distinguir entre os fatos empíricos e seus conceitos analíticos pessoais.

Nessa primeira *Malinowski Memorial Lecture*, parti de um só pequeno exemplo para demonstrar que Malinowski ainda não tem rival na perspicácia de sua observação etnográfica. O trabalho de Malinowski se apresentou limitado ao ser demasiadamente exclusivo com referência a Trobriand; seus conceitos teóricos estavam talhados para adaptar-se aos dados de Trobriand exatamente como, mais recentemente, os conceitos de Fortes foram elaborados para adaptar-se aos dados dos Tallensi e Ashanti. Mas ainda é possível basear generalizações especulativas nos fatos de Malinowski, e creio que a generalização especulativa valha a pena, mesmo que muitas vezes esteja errada. Mesmo com a conversa desta noite poderemos ter aprendido algo.

TERMINOLOGIA DE
PARENTESCO JINGHPAW

UMA EXPERIÊNCIA EM
ÁLGEBRA ETNOGRÁFICA

Nota Introdutória

Este artigo apareceu primeiramente no Vol. 75 (1945) da *J.R.A.I.* Certas partes do texto são explicitamente contrárias ao que foi desenvolvido no Capítulo 1 deste livro. Reimprimo o artigo com o objetivo expresso de enfatizar minha mudança de ponto de vista.

Em 1945, ainda estava dominado pelos pontos de vista de Malinowski, e aceitava, sem crítica, a abordagem biográfica do parentesco, advogada por MALINOWSKI em *The Sexual Life of Savages.* Isto conduziu-me diretamente à autocontradição. Comecei de maneira bastante sensível (p. 60, Regra 1) dizendo que, na investigação das terminologias de parentesco, o princípio de *Occam's Razor*[1] seria, certamente, aplicável; mas procurei então acomodar-me ao dogma de Malinowski de que a família elementar é uma instituição universal de importância soberana. Esta doutrina de Malinowski é proposta na Regra 2, mas desde que ela contradiz a Regra 1, tinha que ser contradita novamente na Regra 5! Como deveria ser óbvio a partir de outros capítulos deste livro, não considero mais a família elementar como uma instituição universal de tipo fixo. Se eu tivesse que escrever agora este artigo na mesma forma bizarra como o fiz antes, eliminaria totalmente a Regra 2, e reduziria a Regra 5 a:

> "A criança será ensinada a discriminar os membros de seu próprio grupo patrilocal na base de sexo e idade."

A crítica ao conceito de "filiação complementar" do Prof. Fortes, e que foi desenvolvida no Capítulo 1, reflete esta mudança de ponto de vista. O argumento sob a Regra 2 (pp. 32-3), particularmente, implica em que em *todas* as sociedades as duas relações pai/filho (a), mãe/filho(a) têm elementos importantes em comum tais como são indicados pela expressão *parent/child* da língua inglesa. Este ponto de vista eu repudiaria explicitamente agora. (Veja *supra*, p. 26, Cf. LEACH, 1960).

Considero a minha apresentação dos fatos neste ensaio aberta a objeções muito sérias. Os princípios de classificação que pressupus serem relevantes foram os de sexo, idade e lugar de residência, mas eu argumentaria agora, como no Capítulo 1, que em certos casos, a chave essencial para o entendimento é perceber que uma relação particular "p" é *o oposto de* outra relação "*q*". Portanto, muito circunlóquio em relação ao sistema Jinghpaw poderia ter sido evitado se eu tivesse disposto as seguintes relações como pares de opostos:

---

1. *Occam's Razor* – importante princípio do nominalismo, formulado por William of Ocean (1285?-1349?) e que estabelece que os termos, conceitos e pressupostos não devem ser multiplicados além do necessário. (N. do T.)

Categoria Relacional "p"	Comportamento Associado	Categoria Relacional "q"	Comportamento Associado
1. *hkau/hkau*	igualdade cooperativa	*hpu/nau* (masc.)	restrição, desigualdade
2. *ning/ning*	igualdade cooperativa	*na/nau* (fem.)	restrição, desigualdade
3. *rat/rat*	restrição, desigualdade	*hpu/nau* (fem.)	restrição, desigualdade
4. *nu/sha*	afeição, intimidade	*moi/nam na/nau* (masc.)	respeito, quase abstenção
5. *tsa/hkri* (fem.)	"relação ilícita" flerte	*gu/nam* (fem.)	"relação legal" embaraço, abstenção
6. *tsa/hkri* (masc.)	protótipo da autoridade afim pelo *mayu/dama*	*wa/sha*	protótipo da autoridade de linhagem

Teriam sido, em particular, desnecessárias a explicação evasiva da categoria *moi* (p. 68) e a igualmente evasiva nota de rodapé, da p. 69).

As qualidades de comportamento ligadas à maioria dessas relações são discutidas com grande detalhe em LEACH (1954, pp. 136-140), mas pode-se tecer maiores comentários sobre uma delas. É uma tradição antiga que na poesia os amantes devessem se dirigir um ao outro pelos termos de "relação ilícita" *tsa* e *hkri* (*i.e.*, "irmão da mãe"/"filha da irmã"); no jornalismo de pós-guerra, este uso tornou-se corrompido, e em um contexto amoroso as palavras passaram agora a significar "namorado" e "namorada" respectivamente! Quando os parceiros são ambos do sexo masculino, a relação é ainda de grande respeito de *hkri* em relação a *tsa*.

Na antropologia britânica corrente, o estudo das terminologias de parentesco está decididamente fora de moda, e eu certamente não me considero um defensor decidido da tradição Morgan-Rivers-Radcliffe-Brown com a qual tais estudos são comumente associados. Mas se o estudo da terminologia de parentesco é com frequência superestimado, ele não é tampouco destituído de valor. Eu afirmaria que tanto este artigo, quanto meu estudo posterior da terminologia Trobriand de parentesco (LEACH, 1958) trazem à luz fatos sociológicos de alguma importância, os quais seriam, por outros meios, difíceis de demonstrar.

Seção I: Teoria

Os sistemas de parentesco exercem um fascínio perene. Desde a época de Morgan até o presente, uma longa sucessão de autores produziu seus diagramas e suas explicações algébricas. As explicações são, na verdade, tantas e tão variadas, que é possível suspeitar que este tipo particular de quebra-cabeça se resolva de muitas maneiras diferentes.

O Prof. Radcliffe-Brown discutiu recentemente, em um artigo importante (1941), duas dessas maneiras, às quais ele rotula respectivamente de "história conjetural" e "análise estrutural" (p. 1). Creio ser difícil determinar se o argumento que se segue pode ser acertadamente encaixado em qualquer uma destas categorias. Estabelecido que o objetivo do antropólogo social é a elucidação de leis gerais a respeito da natureza da sociedade humana, o estudo particular de sistemas de parentesco pode se demonstrar ilusoriamente atrativo. A terminologia de parentesco e seu arranjo diagramático proporcionam, por si mesmos, uma série agradável de abstrações matemáticas, e é muito fácil desenvolver a análise destas em um "sistema" que tenha pouca relação com os fatos sociológicos. Em outro artigo recente, RADCLIFFE-BROWN (1940) notou que "se em uma tribo australiana, eu observar em um número de instâncias, o comportamento, um para com o outro, de pessoas que estão na relação de irmão da mãe e filho da irmã, isto é feito a fim de que eu possa recordar tão precisamente quanto possível a forma geral ou normal desta relação, abstraída das variações de instâncias particulares, embora levando em consideração estas mesmas variações" (p. 4).

Sugiro, entretanto, que a existência de qualquer "forma geral ou normal" não possa ser tomada como garantida, mas deva ser demonstrada. Nesta citação as "pessoas que estão na relação de irmão da mãe e filho da irmã" podem ser consideradas tanto como pessoas que tenham uma relação de sangue, biologicamente definida, ou como pessoas categorizadas por um par particular de termos nativos de parentesco. A identificação destes dois significados pode conduzir à confusão. A mim, parece que muitos dos dogmas artificiais que surgiram durante o desenvolvimento da teoria do parentesco tiveram sua fonte numa pressa muito grande em traduzir a terminologia nativa naquilo que é arbitrariamente considerado como sendo o equivalente inglês primário. O ponto focal de normas aparentes pode ser, portanto, deslocado. Por exemplo, no sistema que descreverei, o irmão da mãe e o pai da esposa caem na mesma categoria, *tsa*, que inclui também outros parentes. Pode haver uma norma de comportamento que caracterize a atitude de um homem em relação a seu *tsa*, mas não é legítimo pressupor que esta atitude característica seja especialmente típica do respeito pelo irmão da mãe ou do respeito pelo pai de uma esposa.

Em meu próprio trabalho de campo, encontrei extrema dificuldade para determinar as normas sociológicas e, em nenhum nível de análise, esta norma coincidiria com o ideal cultural desenvolvido por um bom informante, bem versado na lei e no costume nativos. O pesquisador tem três "níveis" distintos de padrão de comportamento para considerar. O primeiro é o comportamento real dos indivíduos. A média de todos estes padrões de comportamentos individuais constitui o segundo, que pode ser razoavelmente descrito como "a norma". Mas há um terceiro padrão, a descrição que o próprio nativo faz de sua sociedade e de si mesmo, e que constitui o "ideal"[2]. Porque seu tempo é curto e porque ele deve basear-se em um número limitado de informantes, o pesquisador é sempre tentado a identificar o segundo desses padrões com o terceiro. É claro que a norma é fortemente influenciada pelo ideal, mas eu indago se os dois coincidem sempre e precisamente. No estudo do parentesco esta é uma distinção importante, pois qualquer análise estrutural de um sistema de parentesco é necessariamente uma discussão do comportamento ideal e não do comportamento normal.

No relato que se segue, a "explicação" da terminologia de parentesco Jinghpaw baseia-se em uma regra de casamen-

---

2. Cf. MALINOWSKI (1932a, p. 120); e também GORDON BROWN e BARNETT (1942, p. 30). Este fala der comportamento 'ideal', 'antecipado' e 'real'.

to preferencial. O leitor deve ter sempre em mente que a preferência é pelo casamento entre *gu* e *nam* (e não, digamos, pelo casamento entre um "filho da irmã do pai" e uma "filha do irmão da mãe"). Esta regra de casamento é um item do comportamento ideal, com sanção mitológica, mas não pode ser considerada como uma norma estatística de comportamento, nem mesmo como um elemento da história conjetural. Não vejo nenhuma razão para supor que no passado a norma estivesse mais próxima do ideal do que eu a encontrei na atualidade. Em suma, na medida em que afirmo demonstrar que a regra em questão tem um significado funcional na sociedade, tal como ela existe atualmente, não estou preocupado com nenhum argumento teleológico que procure saber se a regra de casamento é causal da forma da sociedade, ou vice-versa.

Eu procuro mostrar que a terminologia de parentesco Jinghpaw, a qual, superficialmente, é extremamente complexa, pareceria simples e consistente para um homem que vivesse numa sociedade ideal, organizada de acordo com algumas regras muito simples. Estas regras constituem o padrão ideal da sociedade Jinghpaw, da qual a sociedade real é atualmente, e provavelmente sempre foi, uma aproximação um tanto remota.

Demonstrarei primeiramente que em uma sociedade hipotética, organizada de acordo com sete princípios estruturais, a terminologia efetivamente usada pelos Jinghpaw Kachin é a mais simples possível. Considere uma sociedade hipotética organizada como se segue:

Hipótese 1. A descendência é patrilinear.

Hipótese 2. O casamento é patrilocal (ou seja, um homem continua a viver, sempre, na casa do pai; enquanto que uma mulher, ao casar, abandona sua própria casa e vai para a casa do marido).

Hipótese 3. Cada grupo patrilinear-patrilocal é exogâmico.

Hipótese 4. A poliginia é permissível, a poliandria não.

Hipótese 5. Todas as mulheres casam imediatamente após atingir a puberdade; portanto o grupo patrilinear-patrilocal não contém, em nenhum momento, mulheres *adultas* que tenham nascido neste grupo.

Hipótese 6. Um homem deve, sempre, casar com uma mulher do grupo patrilinear-patrilocal de origem de sua própria mãe; e tal mulher não deve ser mais velha do que ele mesmo.

Hipótese 7. Uma mulher nunca pode ser dada em casamento a um homem do grupo patrilinear-patrilocal de origem de sua própria mãe; ela será sempre dada em casamento a um homem do grupo patrilinear-patrilocal no qual a irmã de seu pai já casou.

A hipótese 5 é um exagero, introduzido com o objetivo de simplificar a demonstração. As hipóteses 6 e 7 são logicamente idênticas; elas são dadas separadamente aqui porque, enquanto que uma forma modificada e admissível da hipótese 6 é comum a muitas sociedades reais, é o aspecto negativo (incesto) da hipótese 7 que é mais enfatizado na realidade Jinghpaw. Se na hipótese 6 substituíssemos o "deve" por "pode", poderíamos encontrar uma multiplicidade de sociedades que se aproximam do padrão das hipóteses 1-6, mas a proibição de casamento com a filha da irmã do pai, enfatizada na hipótese 7, é relativamente rara. O princípio envolvido foi descrito por muitos autores como "descendência assimétrica", e é encontrado, aqui e ali, em todas as partes do mundo[3]. Mas sem dúvida, nenhuma sociedade real poderia se conformar rigidamente ao padrão ideal aqui apresentado.

Dadas estas condições hipotéticas, nosso problema é inventar um sistema de terminologia de parentesco que seja logicamente consistente com as condições dadas, e *da maneira mais simples possível*. É necessário especificar primeiramente as regras de classificação que pretendo aplicar e, então, tentar justificar a afirmação de que estas regras são as mais simples possíveis nas circunstâncias[4].

---

3. Da extensa literatura sobre casamento assimétrico de primos-cruzados posso citar: Frazer (1918), vol. II, pp. 98 e ss.; Westermarck (1921), vol. II, pp. 68-79; Hodson (1925); Seligman (1928); Bose (1937); Shaw (1928), p. 140; Roy (1936), p. 141; Parry (1932), p. 293; Cameron (1911), p. xviii. (Veja também Cap. 3, *infra*).

A Sra. Seligman sugeriu que o fenômeno da assimetria representa uma matrilinearidade subordinada numa sociedade patrilinear. Bose, Parry e outros têm pontos de vista semelhantes. Isto é, claramente, história conjetural. Existem, sem dúvida, sociedades nas quais tanto a linhagem patrilinear quanto a linhagem matrilinear tem uma função social, mas, tanto quanto possa julgar, a sociedade Jinghpaw não é uma delas.

4. Tais regras são de grande importância. Em relação aos dados do trabalho de campo elas representam os "princípios estruturas" inferidos, sobre os quais Radcliffe-Brown coloca tanta ênfase – embora eu não sugira que Radcliffe-Brown aprovasse a forma pela qual eles são aqui apresentados. Cf. também Tax (1937), pp. 18-32.

Regra 1. Nunca serão usados dois termos distintos onde um possa ser satisfatório. Uma pessoa, ao falar, apenas diferenciará terminologicamente entre dois indivíduos se a não diferenciação implicar, seja numa situação contrária às hipóteses enunciadas, seja numa situação contrária à lei universal do incesto (proibição de relações sexuais entre pais e filhos e entre irmão e irmã).

A primazia e a universalidade da família biológica humana tem sido repetidamente enfatizada tanto por antropólogos quanto por psicólogos. De qualquer modo, é geralmente admitido que as relações no interior da família biológica são, de longe, as mais significativas psicologicamente dentre todas as relações; são as mais carregadas de emoção[5]. Deste fato, derivamos:

Regra 2. Em qualquer sistema de parentesco patrilinear, os únicos sentimentos que podem ser ditos universais são aqueles associados com a família elementar humana, ou seja: pai-filho/a, mãe/filho/a, irmão-irmão, irmão-irmã, irmã-irmã. Onde existem termos para identificar tais relações, pode-se legitimamente supor que eles representam sentimentos análogos, pelo menos em termos gerais, àqueles sentimentos compreendidos pelos termos ingleses[6].

Sociologicamente falando, o sexo de uma criança pequena é geralmente irrelevante para os mais velhos e não há nada em nossas hipóteses que sugira o contrário. Deste fato deriva a Regra 3:

Regra 3. Uma pessoa mais velha, dirigindo-se a uma criança, não fará distinção quanto ao sexo, a não ser que as implicações das hipóteses relacionadas o exijam.

Um corolário das Regras 1 e 3 é a Regra 4:

5. Assim, RADCLIFFE-BROWN (1941): "A existência da família elementar cria três tipos especiais de relações sociais, aquela entre pai-mãe e filho-a, aquela entre os filhos (as) dos mesmos pais (*siblings*), e aquela entre o marido e a esposa enquanto pais da mesma criança ou crianças, (p. 2). MALINOWSKI (1932) insistiu em que, numa sociedade matrilinear a relação entre o irmão da mãe e o filho(a) da irmã é igualmente fundamental, (pp. 5-6). (Mas veja acima, p. 30).
6. Em nenhum outro caso pode-se supor que algum termo tenha um significado primário que possa ser exatamente traduzido para um equivalente inglês. O significado de todas as outras relações depende de fatores estruturais da sociedade particular que está sob consideração. Existem mesmo algumas sociedades que empregam uma terminologia marcadamente descritiva, em que faltam os termos específicos para irmão e irmã, por exemplo os Yoruba (veja VON WERDER, 1939, pp. 223-4). Novamente, na prática as ficções legais podem passar por cima da unidade biológica básica, como na distinção entre *pater* e *genitor* entre os Nuer (veja EVANS-PRITCHARD, 1945).

Regra 4. Exceto quando isto contrarie as hipóteses, uma mulher adulta dirigir-se-á a qualquer criança pelo mesmo nome utilizado por seu marido.

Na Regra i, pressupus que uma criança distingue entre os membros de sua própria família biológica na base de (a) sexo e (b) *status* de idade. Para o adulto, a diferença essencial entre o pai e o irmão mais velho localiza-se na conexão biológica, mas isto a criança não pode compreender. Para a criança, a diferença é mais de comportamento, de aparência, de autoridade. Ao considerar seus mais velhos, as classificações naturalmente feitas por uma criança derivam de um alargamento sentimental deste princípio axiomático[7]. Os limites da extensão do sentimento básico são definidos por nossas hipóteses, especialmente as de número 2, 3 e 6. Portanto:

Regra 5. Para uma criança, os termos aplicáveis aos membros da família biológica de quem fala (veja Regra 2) serão estendidos a outras pessoas que vivam dentro do mesmo grupo patrilocal, e a extensão será feita na base de sexo e idade; tais termos não serão estendidos às pessoas que vivam fora do próprio grupo patrilocal de quem fala.

Regra 6. Um termo aplicado a um membro de qualquer grupo patrilocal que não o de quem fala, aplicar-se-á também a todas as outras pessoas do mesmo grupo, de sexo e *status* de idade similares.

Deve ser enfatizado que estas duas últimas regras são aqui consideradas apenas para serem aplicadas às condições especiais de nossa sociedade hipotética. Na prática, elas se aplicam a um grande número de sociedades organizadas numa base de linhagens exogâmicas, e patrilineares[8].

Derivam da hipótese 7 duas outras diferenciações especiais:

Regra 7. Entre os membros do sexo oposto em grupos patrilocais que não o de quem fala, a criança deve distinguir entre pessoas com quem o casamento será permitido e pessoas com quem o casamento será proibido.

Regra 8. Para uma criança do sexo masculino, o pai da esposa potencial tem um status de autoridade potencial; para uma criança do sexo feminino o mesmo se dá em relação ao seu esposo potencial; a *criança*, deve distinguir tais classes de pessoas de todas as outras.

7. Cf. a "unidade do grupo fraterno" em RADCLIFFE-BROWN (1941, p. 7).
8. Estas regras implicam o princípio estrutural da "união bifurcada" descrito por LOWIE (1929), ao qual se atribui uma alta correlação com a organização clânica.

Com exceção dos membros da família biológica de quem fala, a exata relação de sangue entre dois indivíduos quaisquer é, geralmente falando, irrelevante. Na sociedade hipotética que está sendo considerada, a relação é definida por:

(a) O grupo patrilinear-patrilocal no qual o indivíduo nasce.

(b) O grupo patrilocal no qual o indivíduo reside.

(c) A permissibilidade de relações sexuais.

(d) No caso de pessoas do sexo masculino, o *status* do grupo de idade do indivíduo, na linha da descendência patrilinear.

Consideremos agora cinco grupos patrilineares-patrilocais distintos, designados AA, A, B, C e CC respectivamente, os quais se conformam às condições requeridas. Os homens de AA sempre tomam suas esposas de A; os homens de A tomam suas esposas de B; os homens de B tomam suas esposas de C; os homens de C tomam suas esposas de CC. Em qualquer instante dado, a comunidade residente em B será constituída de:

(i) Pessoas adultas do sexo masculino que nasceram em B.

(ii) As esposas das pessoas de sexo masculino de B, as quais são, por nascimento, pessoas adultas do sexo feminino de C.

(iii) Os filhos e filhas das pessoas do sexo masculino de B e das pessoas do sexo feminino de C.

Não haverá nenhuma pessoa adulta do sexo feminino do grupo B, que ainda resida em B; pela hipótese 5 todas as pessoas nesta situação estão agora casadas e residem em A.

Construamos uma terminologia adequada para ser usada por uma criança nascida em B. No lugar de símbolos, usaremos os monossílabos da terminologia Jinghpaw.

Primeiramente, a partir da Regra 2, necessitamos de termos com os significados biológicos primários: mãe (*nu*), pai (*wa*), irmão (*hpu*), irmã (*na*). De acordo com a Regra 5, estes termos podem ser estendidos a outras pessoas residentes em B, assim:

Definição 1: wa. O pai verdadeiro e todas as outras pessoas do sexo masculino do grupo de idade do pai e residentes dentro do grupo daquele que fala, são chamados de *wa*.

Definição 2: nu. A mãe verdadeira e todas as outras mulheres do grupo de idade da mãe e residentes dentro do grupo de quem fala são chamadas de *nu*.

Definição 3: hpu. Todas as pessoas do sexo masculino do grupo de idade de quem fala e que pertençam ao seu próprio grupo por nascimento são chamadas de *hpu*.

Definição 4: na. Todas as pessoas do sexo feminino do grupo de idade de quem fala e que pertençam ao seu próprio grupo por nascimento são chamadas de *na*.

Embora do mesmo grupo de idade, *hpu* e *na* são necessariamente mais velhos do que a criança que fala, pois presumimos que esta quando começar aprender a falar é a mais jovem de qualquer par de pessoas em relação recíproca de conversação.

Um ponto teórico que pode ser enfatizado é que um termo de parentesco, se isolado, não significa nada; é a relação expressa por um par de termos recíprocos que tem importância estrutural e que pode ser interpretada em termos de comportamento[9]. Qualquer termo particular (T) pode ter uma variedade de recíprocos diferentes (R, R', R'' etc.), e a relação denotada por T-R não tem necessariamente muito em comum com a relação T-R'. Entretanto, em vista das regras estabelecidas acima, estamos preocupados, aqui, apenas com duas formas de relações recíprocas, ou seja, as da forma T-R, onde o sexo de T e o sexo de R estão ambos definidos, e relações da forma T-R', onde o sexo de T está definido, mas o sexo de R' não.

Voltando às nossas hipóteses, precisamos de termos recíprocos para os quatro que já foram definidos. Aplicando as regras 3 e 4, vemos que dois termos recíprocos são suficientes:

Definição 5: sha. *Wa* e *nu* dirigem-se a quem fala chamando-o de *sha*, independentemente de sexo.

Definição 6: nau. *Hpu* e *na* dirigem-se a quem fala chamando-o de *nau*, independentemente de sexo.

O termo *nau*, assim definido, pode quase ser traduzido por "jovem". A própria criança usará, a seu tempo, o mesmo termo para se dirigir a infantes do seu próprio grupo patrilocal e mais jovens que ela mesma[10].

---

9. Cf. RADCLIFFE-BROWN (1941), p. 11. Este ponto de vista tem sido, entretanto, contestado por Kroeber e outros.

10. Um costume similar é comum a quase todos os sistemas de parentesco não Naga da área Assam-Birmânia. A propósito de algumas variações Naga sobre o mesmo tema, veja MILLS (1926), pp. 166, 169.

Dentro do próprio grupo patrilocal da criança, permanecem ainda os membros dos grupos de idade superior a *wa* e *nu* (Def. 1 e 2). Sem considerar fatores de comportamento, pode ser visto a partir de argumentos puramente algébricos que, nas condições dadas, não seria apropriada a extensão de qualquer um dos termos já definidos para os membros da segunda geração ascendente. Desde que o sexo de *sha* não é determinado (Def. 5) e que o sexo das crianças de *sha* não será determinado (Regra 3), precisamos logicamente de um termo de relacionamento T-R' que cubra quatro relações biológicas recíprocas: pai do pai – filho do filho; pai do pai – filha do filho; pai da mãe – filho da filha; pai da mãe – filha da filha. Destas, entretanto, o pai da mãe, a filha da filha e o filho da filha não são membros do próprio grupo patrilocal de quem fala; assim (de acordo com a Regra 5) nenhum dos termos até aqui definidos pode ser estendido para cobrir estas categorias. Desde que uma criança distingue o sexo dos mais velhos, o pai do pai deve ser distinto da mãe do pai. Portanto, são necessários três novos termos:

Definição 7: *ji*. As pessoas do sexo masculino a quem o pai chama de *wa* ou de *ji* são chamadas de *ji*.
Definição 8: *woi*. As pessoas do sexo feminino a quem o pai chama de *nu* ou de *woi* são chamadas de *woi*.
Definição 9: *shu*. *Ji* e *woi* chamam o interlocutor de *shu*, independentemente de sexo.

Enquanto a criança permanecer em casa, ela não precisará de nenhuma ampliação da sua terminologia de parentesco; mas tão logo os pais da mãe sejam visitados, um novo grupo de parentes passa a requerer classificação. Segue-se, a partir do argumento do último parágrafo, que o pai do pai e o pai da mãe devem ser cobertos pelos mesmos termos. Portanto, pela Regra 6, segue-se que *ji* e *woi* podem ser estendidos a todos os membros dos grupos de idade mais velhos que o da mãe e residentes no grupo patrilocal do pai da mãe.
Definição 7 – Extensão: *ji*. Todas as pessoas do sexo masculino a quem a mãe chama de *wa* ou *ji* são chamados de *ji*.
Definição 8 – Extensão: *woi*. Todas as pessoas do sexo feminino a quem a mãe chama de *nu* ou *woi* são chamadas de *woi*.

Para simplificar, referir-nos-emos ao grupo patrilocal do pai da mãe como "o grupo da mãe", e ao próprio grupo patrilocal de quem fala como "o grupo de quem fala".

As pessoas do sexo masculino do grupo de idade da mãe e do grupo da mãe são importantes para uma criança de qualquer sexo. Para uma criança do sexo masculino, eles estão na classe do pai da esposa potencial (Hip. 6, Regra 8). Para uma criança do sexo feminino, eles estão na classe dos homens com os quais as relações sexuais são proibidas (Hip. 7, Regra 7). De acordo com a Regra 5, o termo *wa* não pode ser estendido a nenhuma pessoa do sexo masculino do grupo da mãe; similarmente, nenhum dos outros termos até aqui definidos é apropriado. É necessário, portanto, um novo termo:

> *Definição 10*: *tsa*. As pessoas do sexo masculino do grupo da mãe e que pertencem ao grupo de idade da própria mãe são chamados de *tsa*[11].

Dentre as pessoas do sexo feminino do grupo da mãe, a criança de sexo masculino deve distinguir entre aquelas que são núbeis e aquelas que não são núbeis. Uma mulher pode ser não núbil ou por já estar casada, ou por estar num grau de relação proibido para quem fala. Portanto.

> *Definição 11*: *ni*. Uma pessoa do sexo masculino chama as esposas das pessoas do sexo masculino do grupo da mãe, e que não caiam na categoria de *woi*, de *ni*.
>
> *Definição 12*: *rat*. Uma criança do sexo masculino chama as crianças do sexo feminino do grupo da mãe e que são mais velhas do que ela, de *rat*.
>
> *Definição 13*: *nam*. Uma pessoa do sexo masculino chama as mulheres mais jovens do que ele, e que pertencem por nascimento ao grupo de sua mãe, de *nam*.

Desde que, pela Hip. 5, ao atingirem a puberdade, *rat* tornam-se esposas de *hpu*, elas são, pela maior parte do tempo, membros residentes do próprio grupo de quem fala.

Aquele que fala (do sexo masculino) permanece em uma relação de não casamento para com *ni* e *rat*, mas permanece em uma relação de casamento para com *nam* (do

---

11. Se a Regra 8 fosse omitida, o termo *ji* poderia ser estendido para cobrir este grupo; neste caso os recíprocos *shu* e *hkri* também desapareceriam (veja Def. 16). Em muitos dos sistemas Chin e Naga, ocorre uma supressão deste tipo: veja SHAW (1928), Ap. C; MILLS (1937), pp. 128-37. Veja também a variante VaNdau do tipo Omaha, mencionada por RADCLIFFE-BROWN (1941), p. 13.

sexo feminino). Se aquele que fala é membro de B, por nascimento, então *nam* e *rat* nasceram em C, e *ni* em CC. Se nossa criança do grupo B é do sexo feminino, esta classificação em três partes é desnecessária. Após o casamento, a criança do sexo feminino do grupo B residirá em A e estará distante de seus parentes de C e CC. Portanto:

Definição 14: ning. Uma pessoa do sexo feminino chama de *ning* a todas as pessoas do sexo feminino a quem seu irmão chamaria de *ni, rat* ou *nam.*

Por conseguinte, uma criança do sexo feminino não usa inicialmente os termos *ni, rat* e *nam* em nenhuma hipótese. Mais tarde, ela usará *rat* para as pessoas do sexo masculino mais jovens do que ela própria (Veja Def. 12, Ext.), e *nam* para membros da geração mais jovem que é *nam* para seu marido; mas uma pessoa do sexo feminino jamais usará o termo *ni*.

A extensão adulta do termo *nam* segue-se das Regras 3 e 4:

Definição 13 – Extensão A: nam. Uma pessoa adulta do sexo masculino chama de *nam* a todos os *hpu* e *nau* de todas as pessoas do sexo feminino do *grupo de idade mais jovem do que ele mesmo,* de acordo com a Def. 13, acima.

Definição 13 – Extensão B: nam. Uma pessoa adulta do sexo feminino chama de *nam* todos aqueles, de qualquer sexo, que seriam chamados de *nam* por seu marido, com exceção das mulheres que já são *nau* em relação a ela, de acordo com a Def. 6, acima.

No grupo da mãe, permanecem apenas as pessoas do sexo masculino do próprio grupo de idade de quem fala. Quanto às crianças do sexo feminino, elas são cobertas pela Hip. 7 e Regra 7 (veja Def. 10, acima):

Definição 10 – Extensão: tsa. Uma pessoa do sexo feminino dirige-se a todas as pessoas do sexo masculino do grupo da mãe, e que não sejam *ji*, chamando-os *tsa.*

Esta categoria incluirá mesmo as pessoas de sexo masculino do grupo de idade mais jovem em relação àquela que fala e a quem uma pessoa do sexo masculino chamaria de *nam*, de acordo com a Def. 13, Ext. A (acima).

Uma criança do sexo masculino encontra pela primeira vez as pessoas do sexo masculino de sua própria idade e do grupo de sua mãe como colegas de folguedo. A atitude social que eles têm em relação a ele é muito similar àquela de seus *hpu-nau*, mas a extensão destes termos está excluída pela Regra 5. A igualdade de *status* é fortemente enfatizada, e o conteúdo autoritário do termo *tsa* (Def. 10, Regra 8) não é apropriado. Um novo termo é, pois, necessário:

> *Definição 15*: *hkau*. Uma pessoa do sexo masculino chama a todas as pessoas do sexo masculino do grupo de sua mãe e de seu próprio grupo de idade, de *hkau*.

Necessitamos agora de termos recíprocos para os que foram abrangidos pelas definições de 10-15. A igualdade de *status* enfatizada por *hkau* é recíproca:

> *Definição 15 – Extensão*: *hkau*. Uma pessoa do sexo masculino chama de *hkau* a todas as pessoas do sexo masculino que chamariam a ele próprio de *hkau*.

Aplicando as Regras 3 e 4, apenas um termo recíproco é necessário para os termos *ni* e *tsa*:

> *Definição 16*: *hkri*. Pessoas chamadas de *ni* ou *tsa* chamam a quem fala de *hkri*[12], independentemente do sexo.

O termo *rat* expressa uma relação de não nubilidade entre pessoas do mesmo grupo de idade. Esta condição é mútua:

> *Definição 12 – Extensão*: *rat*. Pessoas chamadas de *rat* chamam a quem fala de *rat*.

O termo *nam* (Def. 13) expressa primariamente uma relação de possibilidade de casamento que é mútua. O termo não pode, entretanto, ser o seu próprio recíproco, porque o sexo de *nam* não é determinado (Def. 13, Ext.) e seu uso recíproco levaria a implicações contrárias às Hip. 6 e 7. Além do mais, o recíproco masculino de *nam* (feminino) é a classe de maridos

---

12. Inicialmente, *ni* é sempre a esposa de *tsa*, que é de um grupo de idade mais velho do que o que fala (Def. 10). Mas quando o que fala é adulto, a classe *ni* inclui as esposas dos *hkau* (grupo da mãe) e dos *nam* do sexo masculino (Def. 11). Um *hkri* adulto do sexo masculino pode ser, portanto, mais velho que o seu *ni*. Similarmente, uma *hkri* adulta do sexo feminino pode ser mais velha que a sua *tsa* (Def. 10, Ext.)

potenciais (Regra 8). Portanto, para o termo *nam* são necessários dois termos recíprocos, diferenciando-se quanto ao sexo.

Definição 17: *gu*. As pessoas do sexo masculino que chamam pessoas de qualquer sexo de *nam*, são elas próprias chamadas de *gu*.

Definição 18: *moi*. As pessoas do sexo feminino que chamam pessoas de qualquer sexo de *nam*, são, elas próprias, chamadas de *moi*.

Pode-se objetar, com razão, que este é um modo altamente artificial de se atingir o relacionamento com a irmã do pai, incluída na categoria *moi*. Entretanto, o circunlóquio parece inevitável, apesar de que, de acordo com Radcliffe-Brown (1941), a unidade do grupo fraterno pode ser tão firme que a irmã do pai pode ser encarada como "uma espécie de pai feminino" (p. 7). Deve ser lembrado que a irmã do pai não é, aqui, um membro residente do próprio grupo da criança; embora ela seja, biologicamente, um parente próximo, sociologicamente ela é um tanto remota. A unidade básica, aqui, é o grupo local que, para o indivíduo, está estratificado em grupos de idade ou gerações: isto implica na unidade do grupo fraterno (no sentido de Radcliffe-Brown) no caso das crianças, mas não no caso dos adultos. Kroeber e outros argumentaram que o lugar de residência pode ser um agrupamento social mais fundamental do que a descendência por linhagem. Uma controvérsia é trazida à tona por este exemplo[13]. Veremos posteriormente que o termo *moi* é estendido na prática para abranger as esposas de *gu*, que não são, em absoluto, parentes consanguíneos do pai verdadeiro. Isto vem em apoio da interpretação, bastante artificial, dada aqui. (Mas veja observações à p. 55).

O termo *ning* (Def. 14) abrange primariamente um grande número de parentes pouco importantes do mesmo sexo. Esta pouca importância é mútua.

---

13. KROEBER (1938), p. 308 e *passim*. Compare também a distinção cuidadosa feita por RADCLIFFE-BROWN (1930) entre o grupo local (horda) e seu clã local associado entre os aborígenes australianos (p. 59, nota de rodapé). A importância do lugar de residência na determinação da categoria de parentesco na sociedade Jinghpaw evidentemente impressionou os primeiros investigadores. GEORGE (1891, p. xvi) afirma que um indivíduo muda sua filiação clânica com a mudança de residência. Esta afirmação é incorreta, mas é repetida por WEHRLI (1904, p. 26) e outros. Veja também a análise feita por GILHODES (1913, p. 363) sobre a relação *mayu-dama*.

Definição 14 – Extensão: *ning*. As pessoas do sexo feminino que são chamadas de *ning* chamam a quem fala de *ning*.

Os dezoito termos assim definidos (Def. 1-18) são suficientes para identificar o *status* de parentesco de quaisquer dois indivíduos dentro do sistema hipotético composto pelos grupos A, B e C, desde que todas as necessidades são atingidas, considerando-se as relações do indivíduo para com os membros do seu próprio grupo e do grupo de sua mãe. Estudamos acima as relações de uma criança do grupo B com o seu próprio grupo (B) e com o grupo de sua mãe (C). As relações da criança do grupo B com os membros do grupo (A) do marido da irmã do seu pai são análogas às relações recíprocas entre um indivíduo do grupo C e a criança original, do grupo B. O quadro dos Termos Recíprocos (Quadro I) recapitula as definições feitas[14].

QUADRO I. Termos Recíprocos

Os termos das duas colunas da direita são os recíprocos dos termos das duas colunas da esquerda e vice-versa.

MAIS VELHO		MAIS NOVO	
Masculino	*Feminino*	*Masculino*	*Feminino*
Wa	*Nu*	*Sha*	*Sha*
Ji	*Woi*	*Shu*	*Shu*
Hpu	*Na*	*Nau*	*Nau*
Tsa	*Ni*	*Hkri*	*Hkri*
	Rat	*Rat*	
Gu	*Moi*	*Nam*	*Nam*
	Ning		*Ning*
Hkau		*Hkau*	

NOTA

Na relação *ni-hkri*, *hkri* é sempre masculino (Def. 14). Na relação *tsa-hkri*, *hkri* é masculino ou feminino (Def. 10), e se for feminino, fica na categoria das não núbeis (Hip. 7).

14. As regras 3 e 4 são expressamente condicionais. Nossas hipóteses levaram às seguintes infrações destas regras:

(a) Um homem está na relação *tsa-hkri* com as filhas de sua irmã. Mas a partir da Def. 14, Ext., sua esposa está em relação *ning-ning* com as mesmas.

(b) Similarmente, uma mulher está em relação *hkri-tsa* com os filhos do irmão da esposa do seu irmão, (Def. 10, Ext.) mas em relação *ning-ning* com as filhas do irmão da esposa do seu irmão.

Com as definições 11, 12 e 13, enfatizamos que uma pessoa do sexo masculino diferencia entre as mulheres casadas (*ni*), mulheres solteiras com as quais não

Embora, de acordo com as definições dadas, o uso destes termos defina as relações de qualquer indivíduo do grupo B com todas as pessoas que pertençam aos grupos A e C, certos indivíduos mais remotos, pertencentes aos grupos AA e CC, são também relevantes no contexto social. Já notamos que *ni* é, por nascimento, um indivíduo CC, em relação a uma pessoa de B que fala. Segue-se que as pessoas do sexo masculino de CC (i.e., os *hpu-nau* de *ni*) são também parentes socialmente significativos. A criança aborda tanto os membros do grupo C quanto os membros do grupo CC através de sua mãe. Segue-se da Def. 10, Ext., que a mãe de uma criança B chama todas as pessoas do sexo masculino de CC ou de *ji* ou de *tsa*. Se compararmos estes dois termos, quanto ao tom afetivo, vemos que a relação *ji-shu* implica, *inter alia*, distância de relacionamento; em contraste, as relações *tsa-hkri* têm o caráter específico de constrangimento. Quando *hkri* é do sexo feminino, a relação implica um tabu sexual; quando *hkri* é do sexo masculino, a relação implica, entre outras atitudes, a de genro. Segue-se que *ji*, mais do que *tsa*, *é o* termo apropriado para ser estendido a uma categoria de parentes afins, que se caracteriza principalmente pela distância de relacionamento:

Definição 7 – Extensão Secundária: ji. Um interlocutor, de qualquer sexo, chama de *ji* a todas as pessoas do sexo masculino às quais sua mãe chamaria, seja *ji* ou *tsa*.

Segue-se, reciprocamente, que todas as pessoas do grupo AA, de qualquer sexo e idade, são *shu* para um interlocutor masculino de B. Assim, todo um clã é, logicamente, abrangido por um único termo de relacionamento[15], e se

pode casar (*rat*) e mulheres com quem o casamento é possível (*nam*), ao se dirigir a pessoas do sexo feminino que residem no grupo de sua mãe. Na situação recíproca, uma pessoa do sexo feminino ao se dirigir a pessoas do sexo masculino do grupo do marido da irmã de seu pai, precisa diferenciar apenas entre os núbeis (*gu*) e os não núbeis (*rat*), desde que em vista da Hip. 4 os homens casados devem ainda ser classificados como núbeis (*gu*).
(c) *Hkau* (Def. 15), é uma classe de pessoas do sexo masculino do mesmo grupo de idade que inclui tanto membros do grupo da mãe como membros do grupo do marido da irmã do pai. Isto está em conflito com a Regra 8. Entretanto, na vida adulta um *hkau* (do grupo da mãe) com filhas núbeis pode tornar-se um *tsa*. (Veja também a p. 68).
15. Segundo a descrição de RADCLIFFE-BROWN (1941), esta classificação é usada "para marcar uma espécie de região marginal entre os não parentes e os parentes próximos em relação aos quais deveres específicos e direitos especí-

insistirmos na tradução de termos, seria formalmente correto dizer que um Jinghpaw chama ao irmão da esposa do irmão da esposa de seu filho de "avô". Mas a tradução de termos convida a explicações complicadas. Sinto que elas são desnecessárias. Por outro lado, a análise diagramática tende a exagerar a complexidade prática, pois ela imputa peso igual a todas as partes do diagrama. Em nosso sistema hipotético, por exemplo, o clã, que é tratado como unidade, também é remoto. Apenas um ou dois destes parentes AA e CC terão sempre o que tratar com um indivíduo do grupo B. Em tais circunstâncias, a classificação indiferenciada de todo um agrupamento clânico não precisa implicar em ambiguidade. Na verdade, o princípio de unificação é claramente a localidade de residência, mais do que a descendência de linhagem.

O quadro II reproduz todo o nosso sistema em forma diagramática. Em cada coluna de Grupo Local, os termos à esquerda designam pessoas do sexo feminino, os termos à direita, pessoas do sexo masculino. Estes casaram ou casarão com as pessoas do sexo feminino da coluna que fica imediatamente à sua direita; eles são os irmãos (*hpu-rmu*) das pessoas do sexo feminino da coluna imediatamente à sua esquerda; eles são os filhos (*sha*) das pessoas do sexo masculino do grupo de idade situado no nível imediatamente superior ao seu; e são os pais (*wa*) tanto das pessoas do sexo masculino quanto das pessoas do sexo feminino situadas no grupo de idade de nível imediatamente abaixo, na mesma coluna. A pessoa do sexo masculino central no grupo B é mostrada como "EGO", sua irmã como "ego" (representando quem fala no texto acima). O termo de chamamento usado por "EGO" em relação a cada indivíduo representado no diagrama é mostrado em letras maiúsculas, e o termo correspondente usado por "ego" é mostrado em letras minúsculas imediatamente abaixo; assim: $\frac{Nimg}{RAT}$ Os termos DAMA, HPU-NAU, MAYU, mostrados no topo das colunas A, B e C, são os termos Jinghpaw para estes agrupamentos clânicos,

---

ficos são reconhecidos" (p. 9). Ela deveria ser distinguida de uma classificação unitária de parentes mais próximos, do tipo daquela observada por Radcliffe-Brown em relação aos Cherokee matrilineares (p. 30). Mas é interessante notar que Radcliffe Brown aceita o fato de que "os Cherokee eram divididos em sete clãs matrilineares", pois foi repetidamente afirmado que os Jingpaw estão divididos em cinco clãs patrilineares. Mostrarei, adiante, que isto é uma idealização formal que não corresponde, em absoluto, aos fatos presentes.

QUADRO II. Diagrama Ilustrando o Sistema de Relacionamento Jinghpaw

GRUPO LOCAL	AA (SHU) Fem.	AA (SHU) Masc.	A (DAMA) Fem.	A (DAMA) Masc.	B (HPU-NAU) Fem.	B (HPU-NAU) Masc.	C (MAYU) Fem.	C (MAYU) Masc.	CC (JI) Fem.	CC (JI) Masc.
Grupos de idade mais velhos que o dos pais			HKRI *ning*	GU *gu*	MOI *moi*	JI *ji*	WOI *woi*	JI *ji*	WOI *woi*	JI *ji*
Grupos de idade dos pais	SHU *ning*	SHU *hkri*	HKRI *ning*	GU *gu*	MOI *moi*	WA *wa*	NU *nu*	TSA *tsa*	NI *ning*	JI *ji*
Mais Velho que quem fala	SHU *ning*	SHU *hkri*	HKRI *ning*	HKAU *gu*	NA *na*	HPU *hpu*	RAT *ning*	HKAU *tsa*	NI *ning*	JI *ji*
Grupo de idade de quem fala			(*madu wa*)		ego	EGO	(*MADU JAN*)			
Mais Novo que quem fala	SHU *ning*	SHU *hkri*	HKRI *ning*	HKAU *rat*	NAU *nau*	NAU *nau*	NAM *ning*	HKAU *tsa*	NI *ning*	JI *ji*
Grupo de idade do filho	SHU *ning*	SHU *hkri*	HKRI *sha*	HKRI *sha*	SHA *nam*	SHA *nam*	NAM *ning*	NAM *tsa*	NI *ning*	JI *ji*
Grupos de idade mais jovens que o dos filhos	SHU *shu*	SHU *shu*	SHU *shu*	SHU *shu*	SHU *nam*	SHU *nam*	NAM *ning*	NAM *tsa*		

como usados por "EGO" e "ego" (Veja Seção II). *Madu wa* e *Madu jan* significam "marido" e "esposa" respectivamente.

Na prática, os termos que denotam relações afins são usados no mesmo sentido, independentemente de terem, ou não, se realizado os casamentos estipulados pelo sistema ideal. Assim o pai da esposa de EGO pode não ter nenhuma relação de consanguinidade com a mãe de EGO, mas o pai da esposa de EGO é, de qualquer modo, chamado de *tsa*, a irmã do pai da esposa de EGO é chamada de *nu*, o marido da irmã do pai da esposa de EGO é chamado de *wa*, e assim por diante. É este tipo de relacionamento adotivo que faz com que o sistema pareça extremamente complicado quando pela primeira vez é encontrado no campo.

Ao se ler o diagrama, deve-se entender que *siblings* do mesmo sexo são sempre denotados pelo mesmo termo e que os filhos dos *siblings* do mesmo sexo são tratados como *siblings* (Regras 5 e 6); assim a irmã da mãe é chamada de *nu*, o marido da irmã da mãe é chamado de *wa*, e o filho da irmã da mãe (mais velho do que aquele que fala) é chamado de *hpu*.

Seção II: *Prática*

O sistema de termos de relacionamento descrito na Seção I é a terminologia efetivamente empregada pelos Jinghpaw Kachin da Birmânia Setentrional. Ele já foi descrito várias vezes[16], mas estes estudos anteriores fornecem apenas listas, necessariamente incompletas, das traduções alternativas dos diferentes termos. No campo, estas traduções de dicionário servem apenas para fazer com que a aplicação prática da terminologia pareça mais confusa do que nunca.

Os vários dialetos Jinghpaw, incluindo o Gauri, o Hkahku, o Duleng e o Tsasen, parecem ter sistemas estruturalmente idênticos. Tenho dúvidas no que diz respeito ao Zi (Atsi). Os outros dialetos Maru, incluindo o Lashi, o Nung e o Daru, têm sistemas que não podem ser traduzidos, termo a termo, para o Jinghpaw, com a mesma extensão de significado, ape-

16. Por GEORGE (1891); SCOTT (1901); HERTZ (1902); WEHRM (1904); HANSON (1906, 1913); GILHODES (1922) e HODSON (1925).

sar de estarem associados com uma forma de sociedade muito similar à dos Jinghpaw. Evitei por isso, o uso do termo "Kachin", um termo muito vago, no título deste artigo.

A correspondência entre a realidade Jinghpaw e a situação "ideal" hipotética descrita na Seção I é um tanto remota. A sociedade efetiva é patrilinear; o casamento é geralmente, mas não sempre, patrilocal; as linhagens patrilineares permanecem estritamente exogâmicas apenas por algumas gerações; a Hip. 4 é válida; a Hip. 5 é um exagero (a maioria das moças casa antes dos vinte anos, uma solteirona mais velha é uma grande raridade); há uma preferência marcada para que um homem se case em seu *mayu*, mas não necessariamente no grupo de sua mãe (esta distinção é explicada mais adiante); a proibição de casamento entre *hkri* e *tsa* é reforçada, rigidamente, apenas com respeito aos parentes próximos.

Uma aldeia Jinghpaw normal (*gahtawng*) consiste essencialmente de um único grupo patrilinear-patrilocal, mesmo que a presença de ex-escravos e de vários parentes afins possa obscurecer o quadro superficial. Os povoados maiores (*mareng*) consistem de um número de tais *gahtawng*, distintos e agrupados numa base de parentesco; isto quer dizer que os *gahtawng* componentes são linhagens distintas de um mesmo clã, ou mesmo linhagens de diferentes clãs ligadas através de uma filiação *mayu-dama*. Na organização ritual do *mareng* como um todo, é fundamental a diferenciação em grupos componentes de *mayu ni*, *dama ni*, *hpu-nau ni*. Qualquer casamento entre *hkri* e *tsa* dentro do *mareng* é inconsistente com tal estrutura[17]. Esta estrutura fundamental é fortemente obscurecida perto dos Postos Governamentais e Centros Missionários, e também em certas áreas, especialmente no Distrito Bhamo, onde por razões administrativas as autoridades alteraram, à força, a disposição do sítio residencial, ou exerceram grande pressão oficial para conseguir a amalgamação de *gahtawng* não ligados por parentesco ou mesmo hostis.

---

17. Na sofisticada parte meridional da região Jinghpaw, incluindo a área setentrional do estado Shan e o estado Bhamo, não são de modo algum raros os casamentos entre parentes *hkri* e *tsa*, mesmo se muito próximos; mas em Hpalang (área Bhamo), um *mareng* que estudei detalhadamente em 1939, tais casamentos eram ainda tão inconvenientes que o casal "culpado" normalmente mudaria para outra povoação. No norte, mais conservador, a regra é mais efetiva.

Na Seção I foram evitados, tanto quanto possível, termos tais como "clã" e "linhagem" e não dei nenhuma indicação do tamanho do grupo patrilinear-patrilocal idealizado. Na sociedade real não há nenhum ponto específico em que o grupo colateral, compreendendo todos os parentes agnatícios com um ancestral comum do sexo masculino, deixe de se considerar como tendo formado um grupo exogâmico. Entretanto, a fissão de linhagem é um aspecto normal da sociedade.

Um aspecto importante do costume Jinghpaw é que a sucessão segue a regra da ultimo genitora. No passado semi-histórico esta regra estava claramente relacionada com a tradição de expansão pela qual, antes da morte de um chefe (ou de um cabeça de linhagem), seus filhos mais velhos abandonavam a localidade paterna para fundar novos povoados, deles mesmos. Houve, por outro lado, várias pressões políticas e econômicas que tornaram muito difícil uma expansão drástica dessa natureza. O resultado líquido foi (e é) um padrão de distribuição clânica no qual o grupo patrilocal consiste, em qualquer época, de uns poucos grupos domésticos apenas, enquanto que a unidade clânica compreende um certo número de grupos patrilocais desse tipo, distribuídos por uma ampla área e entremeados por grupos patrilocais de outros clãs. De maneira geral, o agrupamento clã-linhagem é um tanto mais estável do que o agrupamento local. Na prática, portanto, os grupos patrilineares-patrilocais referidos na Seção I, (*i.e.*, pessoas que se consideram *hpu-nau* uns aos outros) não serão todos encontrados em um mesmo lugar; um homem pode estar em relação *hpu-nau* com os habitantes de vários povoados diferentes.

Esta relação *hpu-nau* tem, entretanto, vários graus. Quando um homem fala de seu *hpu-nau ni* ele está se referindo, como regra, aos membros de um grupo de linhagem restrito, de cerca de cinco ou seis gerações de "profundidade", que partilham de um nome de linhagem e que mantêm entre si uma regra rígida de exogamia. Por outro lado, existem os *hpu-nau lawu-lahta* ("os irmãos acima e abaixo"), que são membros de grupos de linhagem similares que formam, junto com o seu próprio grupo, uma única linhagem maior, ou subclã, teoricamente exogâmica[18]. Além deste limite, um companheiro de clã de um homem, que não seja membro do mesmo subclã deste, será reconhecido como *hpu-nau* apenas em um sentido vago; eles são talvez *anhteng amyu* ("da nossa espécie"), mas a regra de exogamia é bastante nominal. Se ocorre um casamento violando esta regra, as linhagens respectivas deixam de ter qualquer pretensão de ser *hpu-nau* e se realinham como sendo *mayu-dama*.

Um exemplo ilustrará este ponto. O grupo clânico LAHTAW está dividido em um grande número de segmentos principais, ou subclãs, dois dos quais são chamados KADAW e SANA. Por seu lado, estes dois grupos dispersaram-se e dividiram-se em um grande número de linhagens menores, cuja profundidade varia de 3 a 8 gerações. Entre as linhagens de KADAW estão LAYAWNG, SHEWE-MONG e LASHU; entre as linhagens de SANA estão DA-GAN, HPAUYAM e ALAN. Layawng Gam, membro da linhagem LAYAWNG, é *hpu-nau* para todos os outros membros daquela linhagem, e é *hpu-naw lawu-lahta* para todos os membros das linhagens SHWEMONG, LASHU e outras linhagens KADAW. Atualmente, pelo menos, estas linhagens KADAW formam, juntas, um grupo exogâmico; isto quer dizer que em 1943 Layawng Gam não sabia de nada em contrário. Similarmente as linhagens SANA formam juntas um grupo exogâmico, embora, neste caso, Layawng Gam estivesse menos certo dos fatos, o grupo total sendo maior. Em contraste, entretanto, a linhagem LAYAWNG-
-KADAW têm estado pelo menos três gerações em relação de *mayu-dama* (casamento possível) com a linhagem DA-GAN-SANA, apesar do fato de que ambos os grupos reconheçam um ancestral comum LAHTAW. Por isso Layawng Gam tende a se referir a todos os SANA como seus *mayu ni*, embora possa admitir, inconsistentemente, que todos os membros do clã LAHTAW são seus *hpu-nau ni*. Este tipo de fissão é de longa duração e não se deve aos processos

18. Este uso do termo "linhagem maior" não pretende ser estritamente comparável àquele de Evans-Pritchard (1940), cap. v, e Fortes (1945), p. 31. Sem dúvida, o sistema Jinghpaw é de um tipo segmentar um tanto análogo aos dos Nuer e Tallensi, mas meus dados são demasiadamente crus para serem submetidos a tais refinamentos de terminologia.

despedaçadores do contato cultural. Não conheço nenhuma regra específica que estabeleça o número de gerações de separação colateral necessárias antes que a fissão se torne ortodoxa. No caso citado, LAYAWNG e DAGAN não têm ancestral comum na linha masculina nas últimas oito gerações; mas creio que quatro ou cinco gerações seriam geralmente consideradas como uma separação adequada.

Tal dispersão e divisão do grupo local não afeta de maneira alguma a conveniência da terminologia de parentesco. Esta terminologia está adaptada, em primeiro lugar, ao uso dos membros da família biológica e de seus parentes imediatos. A extensão dos termos para inclusão de parentes mais remotos é um assunto de conveniência social, e a prática pode variar consideravelmente de uma família para outra[19].

As Hipóteses 6 e 7 prescrevem o casamento entre pessoas que estejam na relação *gu-nam*. Isto implica, no sentido mais estrito, no casamento de um homem com a filha do irmão de sua mãe; de modo mais geral, isto significa simplesmente casamento com uma moça que seja do seu *mayu ni*. Na Seção I, postulamos que *mayu ni* era um único e específico grupo clânico; na prática a fissão clânica leva a uma estrutura diferente. Usando a terminologia da Seção I, qualquer grupo B particular é *mayu* para vários grupos diferentes (A, A', A'' etc.) e *dama* para vários grupos diferentes (C, C, C'' etc.). Isto permite uma extensa gama de casamentos ortodoxos, e todos os meus dados vão no sentido de mostrar que uma grande proporção de casamentos é, de fato, ortodoxa nesse sentido, mesmo em áreas relativamente sofisticadas. De qualquer modo, mesmo onde o casamento não é ortodoxo, o próprio casamento cria uma relação de *mayu-dama* entre os grupos dos pais, podendo persistir por gerações posteriores. Em teoria, a relação *mayu-dama* entre dois grupos de linhagem é uma relação permanente persistindo através de muitas gerações; na prática, ela pode persis-

---

19. Por exemplo, as afiliações de parentesco dos chefes são muito mais extensos do que as dos plebeus.

O padrão de terminologia de parentesco Jinghpaw não está especificamente relacionado com a estrutura política. Ocorrem duas formas principais de estrutura política, a *gumsa*, uma hierarquia de chefes, e a *gumlao*, uma estrutura de cabeças de aldeia 'independentes', mas o padrão de parentesco é comum a ambos. Veja LEACH (1954).

tir assim, ou por outro lado, ser representada por um único casamento isolado. Assim como um homem tem gradações de *hpu-nau ni*, tem também gradações de *mayu ni* e *dama ni*, variando de grupos que têm relações tradicionais de longa duração com seu *dama ni* e com seu *mayu ni*, para grupos com os quais apenas um casamento isolado foi contratado. Quando dois grupos domésticos são conduzidos a uma relação de *mayu--dama* em virtude de um casamento, todos os indivíduos dos dois grupos domésticos dirigem-se uns aos outros como se todos os casamentos do sistema hipotético tivessem ocorrido. Por exemplo, a esposa de um *gu* mais velho é sempre *moi*, e o marido de uma *rat* é *hpu*. Em qualquer aldeia particular, esta forma de relação adotiva está destinada a conduzir a muitas incoerências paradoxais; estas são resolvidas individualmente, de acordo com a conveniência social, mais do que com qualquer regra fixa. Desde que não haja infração[20] da proibição de casamento entre *hkri* e *tsa* próximos, o agrupamento de grupos domésticos em *hpu-nau*, *mayu* e *dama* não envolve nenhuma deformação da terminologia[21].

Existem vários mecanismos culturais que servem para manter a continuidade da estrutura clânica e para prevenir uma desconsideração muito drástica da ordem ideal. Nas linhagens aristocráticas, por exemplo, certos poderes religiosos permanecem sempre com o *uma du*, isto é, com o suposto sucessor na linha direta de ultimogenitura do fundador original do sub-clã. Este indivíduo continua a residir sempre na casa ancestral original. Uma partilha destes poderes pode ser obtida pelos grupos domésticos agnatícios remotos do mesmo clã através de uma aquisição ritual. Mas toda vez que ocorre uma fissão e o grupo doméstico se divide, estes poderes prescrevem e têm

---

20. É interessante que as relações pré-conjugais entre *hkri* e *tsa* não constituem uma ofensa séria. Um homem e uma mulher, se estranhos, presumem--se nesta relação, mas o mesmo acontece com os amantes que, na poesia formal do flerte, dirigem-se uns aos outros, invariavelmente, por *hkri* e *tsa*. (Veja também p. 55).

21. Quando existem meios alternativos de reconhecer uma relação, prevalece, geralmente, o termo mais íntimo. Assim, em Hpalang, uma linhagem N'HKUM particular era *dama* para MARAN-NMWI e *mayu* para MARAN-GUMYJE; esquematicamente, portanto, GUMYJE deveria ser *ji* para NMWI; na verdade eles consideravam-se *hpu-nau*, na base de ligação clânica. Para tipos similares de ajustamento na Polinésia, veja FIRTH (1936), pp. 266-7.

78

que ser adquiridos novamente da fonte original. Similarmente, um homem que toma uma esposa de um grupo que não estava estabelecido, por precedência, como seu *mayu*, pode ter que pagar multas para todo lado, tanto para seu próprio *mayu* quanto para os outros *dama* de seu novo *mayu*. Os detalhes de tais transações variam grandemente em diferentes áreas, e também de acordo com os *status* sociais das partes envolvidas; mas pode ser afirmado o princípio geral de que, embora seja amplamente reconhecido que o padrão ideal da sociedade é capaz de modificação, cada nova infração das regras formais mostra-se, em algum grau, economicamente cara. Desde que tais sanções têm motivações tanto econômicas quanto religiosas, elas tendem a cair em desuso nas áreas cristianizadas. Portanto, onde o cristianismo prevalece, a prática e a teoria desviam mais amplamente do que em qualquer outro lugar.

Embora não haja indícios de que o sistema hipotético de relações tenha sido jamais uma realidade prática, o padrão ideal é claramente formulado na mitologia Jinghpaw. De acordo com uma história, os Jinghpaw consistiam originalmente de apenas cinco clãs. Estes cinco clãs (geralmente catalogados como MARIP, MARAN, NHKUM, LAHPAI e LAHTAW, estiveram em relação *mayu-dama* à maneira dos cinco grupos AA, A, B, C e CC da Seção I. Desde que no mito estes eram os únicos grupos, o sistema mitológico era circular; o grupo CC (LAHTAW) tomava mulheres do grupo AA (MARIP). Esta história tem sido amplamente registrada[22] e aparentemente aceita como representante do fato histórico, do qual a prática presente seria meramente uma forma decaída: mas não encontrei nenhuma justificação para tal pressuposto. As origens míticas dos Jinghpaw não mostram nenhuma homogeneidade; os mitos de origem clânica são extremamente numerosos e mutuamente inconsistentes, e a maior parte deles está claramente ligada com disputas por direitos de chefia e território. De qualquer modo, eles mencionam um grande

---

22. O mito dos cinco clãs pode ser *atualmente* recolhido em quase toda parte dos Montes Kachin. Esta difusão pode ser recente e devida à influência dos professores da missão da área Bhamo. GEORGE (1891), SCOTT (1901), HERTZ (1902), WEHRLI (1904), HANSON (1913) e GILHODES (1922) dão, todos, a história como válida para "os Kachin" como um todo; mas na verdade ela é autóctone apenas da área Bhamo.

número de clãs "originais" além dos cinco arrolados acima. Além do mais, os ancestrais cujos casamentos são desta forma miticamente registrados, raras vezes tomaram suas esposas do grupo *mayu* teoricamente apropriado. Pode ser dito entretanto que a história tem um significado prático funcional, pois ela especifica uma sociedade ideal na qual os agrupamentos clânicos patrilineares estão ordenados em relações *mayu-dama*, e estas relações são permanentes. Todavia, não há razão para supor que os Jinghpaw, como um todo, tenham jamais aderido, na prática, ao esquema teórico.

Por outro lado, ocorrem exemplos de "pequenos círculos" (*hkauwang hku*, literalmente, "trilha circular da primeira prima") em que apenas três grupos (A, B, C) estão em uma relação de casamento circular entre si. Em tais casos o grupo AA coincide, do ponto de vista terminológico, com o grupo C, e o grupo CC coincide com o grupo A. Presume-se que as esposas das pessoas *mayu* do sexo masculino sejam ainda (do ponto de vista das pessoas do sexo masculino) *ni* e não *hkri*, mas, sobre isto, não tenho nenhuma evidência de primeira mão. Tais "pequenos círculos" são constituídos quase exclusivamente por famílias aristocráticas[23], com o objetivo confesso de aliança política e de conservação dos recursos econômicos, que de outro modo seriam dissipados em trocas custosas relacionadas com o preço da noiva. Há uma tendência para que tais arranjos sejam realizados por linhagens aristocráticas (*du baw*) de um mesmo clã e que possuem conjuntamente um bloco consolidado do território clânico. Um exemplo é o caso das três linhagens MARIP – UM, MASHAW, e N'DING – que proveem entre eles os principais chefes para as comarcas MARIP da área do Triângulo Norte. Estas linhagens, que estariam normalmente em relação *lawu-lahta*, estão de fato ligados pelo casamento: UM é *mayu* para MASHAW que é *mayu* para N'DING que é *mayu* para UM. O sistema tem sido estável por várias gerações, e creio que se não fosse a influência perturbadora da administração britânica, o sistema estaria relacionado com um arranjo político pelo qual o chefe soberano para toda a região seria

---

23. Entretanto, GILHODES (1913) relata uma prática similar entre três linhagens plebeias (*darat*), compreendendo o *mareng* de Matan na área Bhamo (p. 375).

providenciado cada vez por um grupo. Um arranjo similar prevalece entre os chefes das comarcas Lahpai vizinhas.

A proibição de casamentos entre *rat* merece comentário. Uma *rat* (sexo feminino) é normalmente uma mulher casada; duvido que este termo seja aplicado a uma mulher solteira, a não ser que ela seja marcadamente muito mais velha que seu interlocutor. O levirato foi relatado na forma do casamento compulsório de um irmão mais novo com a viúva de seu irmão mais velho[24]. Quando a viúva é muito idosa, tais uniões não implicam, provavelmente, em coabitação; mas os parentes *hpu-nau* próximos de um homem têm certamente a obrigação de cuidar da viúva e dos seus filhos. Creio que a relação *rat-rat* não é usualmente afetada pela morte do marido da mulher. Uma viúva jovem se transforma na esposa de outro de seus *gu* (que faz parte dos *hpu-nau* de seu marido), ou então retorna para seu próprio povo, havendo a devolução do preço da noiva. Neste último caso, ela estaria livre para casar novamente em qualquer grupo adequado. (Isto é verdade apenas para os Gauri Kachin da área Bhamo (veja adiante, p. 180).

No quadro II, a sociedade é estratificada horizontalmente por grupos de idade, não por gerações. A distinção é arbitrária, exceto no próprio grupo patrilocal de quem fala, onde a estratificação é definida por geração biológica. Fora do grupo local, isto pode não ocorrer. Os velhos podem casar com moças jovens como suas segundas esposas; um marido pode ser então tão velho quanto o pai de sua esposa, ou mais velho. A distribuição entre *hkau* e *tsa* torna-se, aqui, um tanto indefinida.

Na prática, é feita uma distinção entre pais reais e pais classificatórios. Os tratamentos variam localmente. GILHODES (1911, p. 883) dá uma longa lista de partículas distintivas recolhidas na área Gauri. Os termos abaixo, são de uso geral:

> *Wa di* por *wa* mais velho que o pai real
> *Wa doi* por *wa* mais jovem que o pai real
> *Nu tung* por *nu* mais velha que a mãe real
> *Nu doi* por *nu* mais jovem que a mãe real

---

24. Veja ANDERSON (1876), p. 142 e o *Census of India* (1911), vol. ix, Burma, Parte I, p. 152. GILHODES (1913, p. 375), confirma, porém, o ponto de vista que expresso aqui.

Por abreviação, a partícula particularizante pode ser usada sozinha algumas vezes. Assim, alguns observadores anotaram *tung* como o termo para a irmã mais velha da mãe, e *n'doi* como o termo para a irmã mais jovem da mãe. Partículas similares, para serem usadas com *ji* e *woi*, foram catalogadas por Hanson (1906). As variantes seguintes caem em uma categoria bastante diferente:

(a) *Em partes do Distrito Myitkyina*

jum	pai do pai
ji	pai do pai do pai

(b) *Na área setentrional do estado Shan e no estado Bhamo*

ji hkai	pai do pai
ji ke	pai do pai do pai
ji dwi	pai da mãe
ji ke dwi	pai do pai da mãe
woi hkai	mãe do pai
woi ke	mãe do pai do pai
woi dwi	mãe da mãe
woi ke dwi (dwi ke)	mãe do pai da mãe

Mas em contraste com os termos acima, estão os termos que Gilhodes (1911) dá para os Gauri;

hkai ji	pai da mãe
hkai woi	mãe da mãe
ji	pai do pai
woi	mãe do pai

A categoria de parentesco essencial em todas estas frases é *ji* (masculino) e *woi* (feminino); as outras partículas fornecem meramente subcategorias destas classes e não deveriam ser consideradas como termos de parentesco em si, ainda que, por abreviação, elas possam ser ocasionalmente usadas sozinhas. No dialeto Tsasen, usa-se a frase *mayu-shayi* onde usei *mayu-dama*. Sem dúvida, existem inúmeras outras variações dialetais.

Para distinguir entre dois parentes da mesma classe, adiciona-se o nome pessoal, como em *Hpu Gam*, *Hpu Naw*. Nas formas normais de chamamento de iguais ou superiores, usa-se o termo de relacionamento e não o nome pessoal: assim, "*Hpu El*" (e não "*Gam El*"). Por outro lado, os pais quando falam com seus próprios filhos, chamam-nos por seu nome pessoal ou por seu apelido, ao invés de chamá-los indiscriminadamente de *sha*. Maridos e esposas geralmente dirigem-se uns aos outros por seus nomes pessoais. Algumas vezes uma esposa pode usar o termo *madu wa*, mas este é um termo formal; o recíproco, *madu jan*, é um termo apenas de referência. *Hpu ba, na ba* ("irmão grande", irmã grande") são meios comuns de distinguir o irmão mais velho real e a irmã mais velha real, respectivamente.

Pessoas completamente estranhas são chamadas por termos de parentesco de baixo conteúdo afetivo. Os seguintes são tratamentos verbais comuns:

EGO (masculino) falando: para um velho, *wa di*; para um homem de sua própria idade: *hkau*; para uma criança, *sha*; para uma velha, *woi*; para uma mulher adulta, de sua própria idade ou mais jovem, *hkri*.

ego (feminino) falando: para um homem de sua própria idade, *tsa*; para um homem muito mais jovem, *shu*; para uma criança, *shu*; para qualquer outra pessoa do sexo feminino, *ning*.

A terminologia aplicada para agrupamentos de clã e de linhagem já foi discutida, mas deve ser entendido que os significados das expressões nativas são muito flexíveis. *Anhteng amyu* ("de nossa espécie") refere-se geralmente ao grupo maior que é ainda considerado exogâmico, mas, algumas vezes, é usada para incluir todo o clã original, agora subdividido. Do mesmo modo, é impossível dar uma definição precisa de *lawu-lahta ni*. Em alguns contextos, ela abrange uma "categoria residual" de parentes: aqueles que não estão no próprio grupo de quem fala e que também não são nem *mayu* nem *dama*. Estas categorias são bem mostradas na frase retórica que representa simplesmente um modo florido de dizer "Todos nós, Jinghpaw":

Anhteng kahpu kanau ni
Nós irmãos mais velhos mais novos
Lawu Lahta ni
Aqueles acima e abaixo
Mayu dama ni
Parentes afins
Jinghpaw ni yawng
Todos Jinghpaw

O termo *htinggaw ni* ("membros de um grupo doméstico") implica em que os membros de um grupo doméstico residam, ainda, na casa ancestral; i.e., a família extensa limitada. Os membros de tal grupo doméstico têm geralmente um nome de grupo doméstico próprio; quando um grupo local se separa para formar uma nova povoação, ele adota um novo nome. Tais linhagens, que recentemente se separaram, podem ser conjuntamente denominadas de *dap* ("lar"), embora residam, agora, em lugares diferentes. A distinção em escala entre um nome *amyu* e um nome de grupo doméstico é mostrada no exemplo a seguir. Quando perguntei sobre o ancestral de um certo Lahtaw Singgyi, disseram-me: *Lahtaw-Sana amyu re, shi a htinggaw amying Hpauyam re* ("Seu *amyu* é Lahtaw-Sana; seu nome de grupo doméstico é Hpauyam").

Outras autoridades arrolaram alguns outros termos que não encontraram nenhum lugar em minha tabulação. *Yung* (*kayung*) é um termo de referência a um irmão (*hpu* ou *nau*), polidamente honorífico, mas raramente usado por pessoa do sexo masculino. Nos seguintes contextos, *jan* tem a força de "feminino", *wa* de "masculino": *nau jan*, uma irmã mais nova; *nau wa*, um irmão mais novo; *madu jan*, uma esposa; *madu wa*, um marido. *Madu ni* são os que ocupam e possuem uma casa, considerados conjuntamente. Para distinguir o sexo das crianças, usam-se prefixos: *la sha* ou *shadang sha*, menino; *num sha* ou *shayi sha*, menina. Coloquialmente, uma esposa é *num*, mas quando há a conotação imprópria de concubina, a esposa se transforma em *numsha*. Polidamente, "minha esposa" é *nye sha a kanu* (literalmente, "a mãe de meu filho"). *Ma* ou *mang* significa criança num sentido geral, não de parentesco, mas é também uma espécie de título para os mais novos, como no inglês *master* ou *miss*. Assim Layawng Gam pode ser chamado, especialmente quando criança ou jovem adulto, meramente de "Ma Gam".

Discussão

A apresentação invertida das duas seções principais deste artigo foi escolhida a fim de tornar fácil de ver que a prática dos Jinghpaw é uma modificação da simplicidade formal de um esquema teórico. Se a prática tivesse sido descrita em primeiro lugar, teria sido difícil nela demonstrar qualquer contorno formal que fosse. No campo, o uso efetivo da terminologia de parentesco Jinghpaw deu-me a impressão de ser altamente complexo; ainda que, eu argumentava, *do pon-*

to de vista de quem o usava ele devesse ser o sistema lógico mais simples possível, compatível com as regras da sociedade. As classificações de nossa própria terminologia de parentesco parecem, para nós, "lógicas"; as classificações de um sistema tal como o Jinghpaw parecem, à primeira vista, fantásticas; todavia, para os Jinghpaw, elas são simples. O problema era, portanto, encontrar o quadro ideal de referência, em termos do qual as excentricidades do tratamento Jinghpaw pudessem parecer lógicas e simples.

Descobri que o uso de termos individuais era, por assim dizer, secundário; a ideologia básica era o agrupamento de parentes, ou melhor, de agrupamentos de parentes, nas três categorias *hpu-nau*, *mayu*, *dama*. Na prática, como vimos, estes agrupamentos não são necessariamente permanentes, mas "deveriam" ser; todo Jinghpaw responderá isto a quem lhe pergunte, apesar da evidência em contrário fornecida pela sua própria genealogia. Qual é, então, o significado deste "deveria"? A afirmação de que "nos velhos tempos" a relação *mayu-dama* era permanente? Sugiro que este é simplesmente o quadro lógico de referência que os próprios Jinghpaw utilizam para conceber seu próprio sistema de parentesco. Desde que a permanência e a unicidade da relação *mayu-dama* seja garantida, toda a terminologia de parentesco cai em seu lugar, como um todo consistente, da maneira demonstrada na Seção 1; sem esse pressuposto, as classificações são caóticas. Para os Jinghpaw, a idealização de que a relação *mayu-dama* é permanente e única implica, de fato, em minhas sete hipóteses originais; e sugiro que a criança Jinghpaw aprende, efetivamente, a classificar seus parentes na base desta simplificação; e que, em consequência, suas classificações mentais são mais proximamente similares às minhas "definições". Repito mais uma vez, entretanto, que isto não implica em que a realidade tenha jamais coincidido com a idealização.

O resultado da "simplificação", tal como expressa em forma diagramática no quadro II, pode parecer ainda um tanto complicada, mas a situação prática não o é. Um Jinghpaw classifica todos os seus parentes por localidade em *hpu-nau*, *mayu* e *dama*, com os *ji ni* e *shu ni* como apêndices remotos e pouco mencionados das duas últimas categorias. Na verdade, o termo *ji ni é* usado mais frequentemente como uma expressão relativa aos ancestrais da própria linhagem de quem fala; se a frase, ao invés disso, refere-se aos *mayu ni* dos *mayu ni*, o contexto torna isso óbvio. Assim, se um homem anuncia sua intenção de visitar seus *ji ni*, pode-se presumir que ele não está pensando em visitar o inferno! Chegar até a relação específica, dentro do grupo maior, não envolve nenhuma proeza de memória.

Voltando à teoria geral, é interessante refletir que o sistema que descrevi poderia ter sido abordado de diferentes pontos de vista, com resultados diferentes. A reconstrução histórica poderia ter encontrado evidência de uma estrutura de cinco clãs com matrilinearidade submersa em uma situação patrilinear. A análise linguística colocaria a forma do termo-diagrama em uma categoria particular, tal como o tipo de "união bifurcada" de Lowie. A análise estrutural chegaria a princípios estruturais similares, ao menos em parte, às minhas regras estruturais. Sustento, porém, que o tipo de análise estrutural pregado por Radcliffe-Brown postula uma rigidez formal que não é encontrada na prática, de tal forma que é sempre necessário considerar cuidadosamente em que sentido estas simplificações formais são um reflexo do comportamento real. Enfatizei, em meu tratamento, a distinção entre os padrões normal e ideal de comportamento. Sugiro que a terminologia de parentesco contém uma relação específica com uma forma idealizada de ordem social, e que não existem relações óbvias entre a terminologia de parentesco e a ordem social tal como manifesta no comportamento real.

O sistema da terminologia do parentesco dispõe as categorias como aquele que fala divide os indivíduos com quem tem contato social; neste sentido há uma relação funcional entre o uso de um termo e o comportamento adotado em relação a um indivíduo particular. Mas esta é uma relação tênue. No sistema Jingh-paw, o irmão da mãe e o pai da esposa caem na mesma categoria de termo. É indubitável que, em certos contextos, estes dois indivíduos preencham papéis rituais um tanto similares, mas este é o ponto máximo a que chega a identidade. Este laço não é em si mesmo suficiente para explicar a classificação do parentesco. Esta classificação é, por outro lado, imediatamente inteligível em termos da idealização de que a relação *mayu-dama* deveria ser tanto única como permanente.

Devo confessar que comecei este artigo simplesmente com espírito de curiosidade; para descobrir se era possível deduzir, a partir de "primeiros princípios", um sistema que, no campo, causou-me tantas horas de exasperação. Não estou sugerindo que o resultado tenha produzido qualquer coisa de muito original com relação a princípios básicos de estrutura. Mas acho interessante ter sido possível começar com um padrão altamente simplificado de uma sociedade e depois deduzir as categorias da terminologia de parentesco efetivamente empregadas na mesma sociedade. E isto após ter suposto inicialmente que a diferenciação seria na base de idade e sexo, devendo prevalecer sempre a simplicidade (ou seja, que o número de categorias diferenciadas de parentesco deveria sempre ser mínimo). Nesse processo, vieram à tona uma série de princípios estruturais que haviam sido previamente enunciados por Radcliffe-Brown, Lowie, Kroeber e outros. Provavelmente isto apenas significa que estes princípios estavam implícitos no padrão simplificado fornecido pelas hipóteses iniciais. Há, porém, um ponto que eu gostaria de enfatizar. Suponho, com Radcliffe-Brown, que quando os indivíduos estão contidos em uma única "classe" de parentesco, há um princípio de unificação subjacente àquela classificação e que pode ser discernido a partir de uma análise do sistema social. Mas eu contrastaria dois tipos de unificação. Por um lado, os indivíduos podem ser classificados juntos por estarem, individualmente ou como grupo, numa relação significativa e importante para com aquele que fala; mas, por outro lado, eles podem ser classificados juntos justamente por serem remotos e sem importância. No sistema Jinghpaw, *rat* é uma classe que resulta do primeiro tipo de unificação; *ning* é uma classe que resulta do segundo. Um mesmo termo pode até compreender grupos diferentes de indivíduos, e expressar princípios de unificação diferentes, em diferentes estágios da vida. Para uma pessoa do sexo feminino que fala o termo *tsa* significa, em sua juventude, proibição sexual; quando usado no sentido estrito de parentesco, ele é limitado aos grupos de idade mais velhos do grupo *mayu*, com os quais ela tem um contato social muito grande. Com o passar do tempo, o termo *tsa* compreenderá *todas* as pessoas do sexo masculino do grupo *mayu*, incluindo aqueles que são mais jovens do que ela mesma, sendo que com este grupo ela tem agora pouco contato social.

Apesar da abstração, meu estudo segue o que Malinowski chamou de "abordagem biográfica", ou seja, o desenvolvimento da terminologia de parentesco tal como usada da infância à velhice, embora esteja ausente o detalhe documental de um estudo intensivo normal. Este tratamento traz à tona claramente dois pontos que já foram com frequência enfatizados: primeiro, que as extensões de um sistema de parentesco, classificatório, são meras elaborações e modificações de sentimentos simples da infância desenvolvidos no contexto normal da vida doméstica; segundo, que embora o sistema classificatório inclua, teoricamente, um número ilimitado de indivíduos, o número prático de pessoas envolvidas é bem pequeno, e nunca tão grande a ponto de levar à ambiguidade. (Mas veja a p. 54).

Finalmente existe a questão do funcionamento da terminologia de parentesco em condições de mudança social. Assinalei que, se os casamentos entre parentes *hkri* e *tsa* próximos viessem a ser geralmente reconhecidos como corretos, haveria uma transformação radical da forma da comunidade, entendendo esta como a relação do padrão de parentesco com o padrão de grupo local. Mencionei também que tais casamentos já ocorrem, ainda que não sejam considerados ortodoxos. Segue-se, pois, que finalmente deve vir um estágio no qual a divergência entre a prática e o ideal seja tão grande que haja uma incoerência básica; isto deve resultar num reagrupamento terminológico e na reconstrução do padrão ideal. Esta perspectiva sugere uma base útil para tentar uma análise comparativa de outras sociedades da área Assam-Birmânia, nas quais as mesmas regras de casamento assimétrico são teoricamente mantidas, embora outros aspectos estruturais sejam diferentes.

A extensão secundária da relação *ji-shu* não fora previamente relatada de maneira explícita, embora ela esteja implícita em HANSON (1913), para quem *shu* inclui "os maridos e filhos (as) das filhas da irmã (*hkri ni a*)". Esta falta de observação prévia pode ser atribuída ao fato de que os irmãos de *ni* são, de qualquer modo, parentes distantes, embora em muitas instâncias práticas seja evitado o uso de *ji* para denotar parentes colaterais, substituindo-o por uma relação mais próxima.

AS IMPLICAÇÕES ESTRUTURAIS DO CASAMENTO COM A PRIMA-CRUZADA MATRILATERAL

Nota Introdutória

Desde 1951, quando este ensaio apareceu pela primeira vez, seu tema tem sido objeto de bastante discussão acadêmica, e o leitor pode julgar útil reportar-se a algumas das publicações mencionadas a seguir. Em sua crítica de LÉVI--STRAUSS (1949), HOMANS e SCHNEIDER (1955) desprezam meu material, considerando-o incomum. Por seu turno, afirmam demonstrar por meios estatísticos que o casamento com a prima-cruzada matrilateral está associado com a existência de autoridade paterna em uma estrutura patrilinear, enquanto que o casamento com a prima-cruzada patrilateral estaria, similarmente, associado com autoridade avuncular em uma estrutura matrilinear. Eu mesmo não considero tais argumentos de forma alguma persuasivos. Como que se opondo a isso, NEEDHAM (1958b) afirma ter demonstrado que uma regra de casamento prescritivo com a prima-cruzada patrilateral é uma impossibilidade. POWELL (1956) e LEACH (1958) mostraram que a evidência de Malinowski sobre este ponto, a qual servia de argumento favorável a Homans e Schneider, é imperfeita. Os Trobriand muito raramente casam com a filha da irmã do pai. Em seu relato sobre Belu, VROKLAGE (1952) fornece o exemplo de uma sociedade matrilinear que pratica o tipo Kachin de casamento em associação com um estrutura de hierarquia política comparável àquela indicada para os Kachim, Lakher e Batak, patrilineares. NAKANE (1958) elaborou uma sugestão fornecida no corpo deste ensaio (p. 93) e mostrou que certas seções dos Garo enquadram-se no que ela denominou sistema de casamento "matrilinear Murngin". NEEDHAM (1958a) reexaminou a evidência disponível sobre as práticas de casamento dos Purum (p. 116) e chegou a conclusões um tanto quanto diferentes das minhas.

SALISBURY (1956) procurou aplicar algumas das ideias deste ensaio a um contexto da Nova Guiné; entretanto, de meu ponto de vista, o uso que ele faz da noção de casamento assimétrico é inadequado.

Meu ensaio, seguindo Kulp, Granet, Fei e Hsu, dedica uma boa parte de espaço à discussão do casamento com a prima-cruzada matrilateral entre os chineses. FREEDMAN (1958) assinalou bem acertadamente que a evidência empírica de tais práticas de casamento é bastante estreita. Não há evidência de que grupos locais descendentes de chineses intercasem sempre, sistemática e assimetricamente, em uma base regular de "dar esposas-receber esposas"; tudo o que se sabe é que, em algumas áreas, o casamento de primos-cruzados é bastante comum e que em tais circunstâncias, o casamento com a prima-cruzada matrilateral é preferido, e não prescrito.

No ensaio original (pp. 70, 72) indiquei que um entendimento completo das regulamentações do sistema Murngin de casamento seria impossível, sem informação adicional a respeito do padrão de agrupamento local e da organização do comércio. Desde então, os professores Elkin e Berndt publicaram muitas informações adicionais a respeito da área

Murngin, mas muitos fatos essenciais ainda permanecem obscuros (ELKIN, 1953; ELKIN & BERNDT, 1951; BERNDT, 1955 e 1957).

No corpo do ensaio (pp. 115-116), a revisão que faço a respeito dos primeiros trabalhos sobre o tipo Kachin de casamento dá um crédito insuficiente aos estudos de acadêmicos holandeses a respeito de sistemas de "conúbio circular" na Indonésia. A contribuição de Fischer teve certamente mais influência do que é sugerido aqui, e agora parece provável que as ideias de Granet derivaram de Van Wouden, mais do que de Radcliffe-Brown.

Introdução

À primeira vista, o tema deste ensaio pode parecer excessivamente estreito e pedante; de fato, como espero mostrar, ele é muito apropriado para os termos do concurso Curl Bequest. Em primeiro lugar, é um tópico que se situa no coração mesmo da teoria antropológica do parentesco. Em segundo lugar, é um ramo da teoria do parentesco ao qual foram feitas durante os últimos dez anos uma série de contribuições significativas, e, quiçá, muito importantes. Em terceiro lugar, este é um campo ao qual eu mesmo, com a minha própria experiência, posso dar uma contribuição nova e original. Este ensaio está organizado em quatro seções.

Parte 1 – serve para estabelecer uma série de definições básicas, pressupostos e objetivos teóricos.

Parte 2 – revê a literatura sobre o tema em discussão.

Parte 3 – fornece material de meu próprio trabalho de campo, e examina a relevância deste novo material para a análise de duas outras sociedades bem documentadas, as quais não haviam sido anteriormente consideradas exatamente deste ponto de vista.

Parte 4 – sumariza as conclusões que podem ser tiradas desta revisão da teoria e do fato etnográfico, e especifica uma série de proposições que concordam com os fatos tais como são agora conhecidos e que estão em uma forma que permite um teste empírico ulterior no campo.

I. Pressupostos Básicos e Conceitos Especiais

Grupos de descendência locais

Há dois tipos de casamento. O primeiro resulta dos caprichos de duas pessoas agindo como indivíduos privados; o segundo é um assunto sistematicamente organizado, que faz parte de uma série de obrigações contratuais entre dois grupos sociais. Quando eu menciono uma forma de casamento institucionalizada ou "tipo", é a esta última espécie que estou me referindo.

De meu ponto de vista, os grupos sociais que "arranjam" tal casamento entre si são, em quase todas as sociedades, essencialmente da mesma espécie. O núcleo de tal grupo é composto das *pessoas do sexo masculino* adultas pertencentes a um grupo de parentes, os quais residem, todos, em um mesmo lugar. Não quero dizer com isto que as mulheres não têm participação nos arranjos de um casamento, ou que parentes remotamente situados sejam totalmente ignorados; apenas quero dizer que o grupo corporado de pessoas que tem a palavra mais importante na consecução de um casamento arranjado é sempre um grupo de pessoas do sexo masculino, corresidentes e que representam, como regra, três gerações genealógicas, a saber: os velhos ou avós, os adultos ou pais, e os jovens adultos ou filhos.

Na prática, a pertinência a tais grupos é definida pela descendência, assim como pela residência. Neste ensaio estou preocupado apenas com sistemas de descendência unilateral (e duplo-unilaterais), de tal forma que eu possa formular a proposição acima da maneira que se segue:

Em um sistema de descendência definido unilateralmente, onde um clã ou linhagem ampla deixa, por uma razão ou outra, de ser um grupo localizado, ele deixa de ser, em geral, uma unidade corporada para fins de arranjar um casamento. O grupo corporado que arranja efetivamente o casamento é, em tais circunstâncias, sempre um grupo de pessoas do sexo masculino que, além de serem membros da mesma linhagem ou clã, partilham de um lugar de residência comum.

Neste ensaio sempre referir-me-ei a grupos desta espécie como *grupos de descendência locais*, ou mais simplesmente, sempre que o contexto não favorecer ambiguidades, simplesmente como "grupos".

Logicamente falando, os *grupos de descendência locais* assim definidos podem surgir apenas em um número limitado de maneiras. As seguintes possibilidades pareceriam as mais prováveis:

a) com descendência patrilinear e residência patrilocal.

b) com descendência matrilinear e residência 'avunco-local'[1] (isto é, residência na comunidade do irmão da mãe), sendo a sucessão da autoridade masculina feita do irmão da mãe para o filho da irmã[2].

c) com descendência matrilinear e residência "matrilocal" (isto é, residência na comunidade da esposa), associadas com casamento com a prima-cruzada matrilateral (filho da irmã do pai – filha do irmão da mãe); e com a sucessão da autoridade masculina sendo feita de sogro para genro[3].

Linhas de diagrama: Linhas locais e linhas de descendência

As Figs. 4, 5a e 5b ilustram diagramaticamente a noção de *grupos de descendência locais* como resultante de cada uma das situações acima. Neste ensaio referir-me-ei a tais grupos de descendência locais diagramáticos como *linhas locais*. Assim, nestas figuras, as linhas A_1, A_2, A_3; B_1, B_2, B_3; C_1, C_2, C_3 representam, cada uma, *linhas locais*. A relação de parentesco entre quaisquer dois indivíduos em tal

---

1. Este termo foi proposto por MURDOCK (1949, p. 17).

2. A regra Trobriand normal; MALINOWSKI (1932a, p. 10, 83). Um homem muda para a aldeia do irmão de sua mãe quando adolescente, e traz então sua esposa para juntar-se a ele naquela aldeia; cf. o sistema Congo Mayombe, tal como analisado por RICHARDS (1951).

3. O padrão Garo. HODSON (1921); BOSE (1936). Os sistemas Bemba e Yao parecem ser em parte, se não consistentemente, deste tipo; cf. RICHARDS (1951). Penso que, das outras alternativas lógicas, sociedades consistentemente patrilineares e matrilocais, não acorrem. Sociedades matrilineares e patrilocais foram relatadas, mas são provavelmente "erros etnográficos", na medida em que nestes casos ou há dupla descendência, ou a patrilocalidade não é consistente. Tanto os lia como os Ashanti foram, por exemplo, descritos algumas vezes como matrilineares e patrilocais, mas em ambas as sociedades, há um elemento de dupla descendência, enquanto que os Ashanti não têm nenhum padrão "normal" de residência; sobre os lia, cf. RICHARDS (1951); sobre os Ashanti, FORTES (1949, 1950). Cf. também JOSSELIN DE JONG (1951), p. 190.

diagrama é considerado mais como classificatório do que como real. Assim A_2 é filho classificatório de A_1; B_2 é filho da irmã classificatório de B_1.

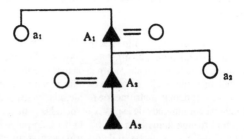

Fig. 4 A linha A1-A2-A3 indica um grupo de descendência local patrilinear resultante de residência patrilocal.

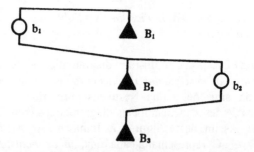

Fig. 5a A linha B_1-B_2-B_3 indica um grupo de descendência local matrilinear resultante de residência avuncolocal.

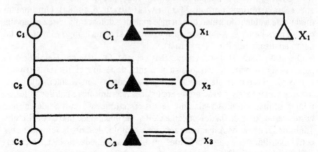

Fig. 5b A linha C_1-C_2-C_3 indica um grupo de descendência local na trilinear resultante de residência matrilocal e de casamento com a prima-cruzada matrilateral.

Neste sistema, C_2 sucede a C_1 porque ele é marido de x_2 e marido potencial de X_1. Apenas com o casamento com a prima-cruzada matrilateral C_1 e C_2 são do mesmo grupo de descendência.

Esta noção de *linha local* deve ser distinguida do conceito paralelo de uma *linha de descendência*, a qual tem sido usada com frequência por Radcliffe-Brown e seus discípulos. Linhas de descendência não têm absolutamente nada a ver com agrupamento local; elas são meramente um dispositivo diagramático para dispor as categorias do sistema de parentesco em relação a um indivíduo central denominado Ego. O número de linhas de descendência básicas em tal diagrama depende simplesmente de quantos tipos diferentes de parentes são reconhecidos na geração do avô. E nada tem a ver com o número de grupos de descendência locais existentes na sociedade[4].

A não distinção entre a noção de linha local (indicando um grupo de descendência local) e linha de descendência (indicando um conjunto de categorias de parentesco) tem sido fonte de muita confusão.

Uma diferença particularmente importante entre estes dois tipos de diagrama é a seguinte: uma *linha de descendência* usualmente compreende cinco gerações, por exemplo, avô, pai, Ego, filho, neto e a cada um destes indivíduos é dado peso igual. Uma *linha local*, por outro lado, raramente compreende mais do que três gerações em qualquer momento dado[5]. Como criança, Ego é membro de um sistema que compreende os grupos de descendência locais dos quais seus pais e avós são membros por nascimento; como adulto, Ego é membro de um sistema que compreende os grupos de descendência locais dele e de sua esposa e os grupos de descendência locais nos quais seus filhos e filhas são casados. Estes dois sistemas de associação de parentesco se sobrepõem, mas normalmente não existem em suas totalidades a um mesmo tempo. Os pais e avós de Ego e seus contemporâneos estão, na maioria, mortos antes que os netos de Ego tenham nascido. Um diagrama cujo objetivo seja mostrar

---

4. Veja Radcliffe-Brown (1951, p. 43).
5. Um homem pode ter avós classificatórios e netos classificatórios vivos simultaneamente; mas não é provável que ambos sejam membros do próprio grupo local de Ego.

linhas de descendência, ao invés de *linhas locais*, tende a obscurecer este fato muito importante.

Tipos de casamento

Os leitores deste ensaio familiarizar-se-ão com a noção de tipos de casamento desenvolvida por Radcliffe-Brown para descrever as várias formas de regulação do casamento institucionalizado encontradas entre as tribos australianas (RADCLIFFE-BROWN, 1930, *passim*; 1951, pp. 41-42). Os tipos de casamento formam uma notação taquigráfica muito conveniente, e neste ensaio empregarei a seguinte série:

1. *Tipo Kariera* – "casamento simétrico entre primos cruzados. Este sistema aprova a troca simultânea ou quase simultânea de mulheres entre grupos de descendência locais. No tipo ideal, um homem casa com a filha do irmão da mãe, a qual é irmã do marido de sua própria irmã.

Não estou preocupado aqui com outros tipos de casamento assimétricos australianos, mas pode-se notar que os tipos Aranda e Kumbaingeri aprovam, ambos, o casamento com a irmã do marido da própria irmã do homem. Eles se diferenciam do tipo Kariera apenas por excluírem do casamento certas categorias de mulheres que seriam admissíveis como "filha do irmão da mãe/ filha da irmã do pai" no sistema Kariera de parentesco[6].

2. *Tipo Trobriand* – "casamento assimétrico com a prima cruzada (patrilateral)". Este sistema impede o casamento recíproco de um homem com a irmã do marido de sua própria irmã, mas implica, no entanto, em uma troca sistemática de mulheres entre dois grupos de descendência locais. A troca apenas se completa após a passagem de um período de tempo equivalente a uma geração. No tipo ideal, um homem casa com a filha da irmã do pai; ele está proibido de casar com a filha do irmão da mãe.

Este tipo de regulamentação do casamento ocorre tanto em sociedades patrilineares quanto em sociedades matrilineares. Usarei a descrição *tipo Trobriand de casamento* em ambos os casos.

3. *Tipo Kachin* – "casamento assimétrico com a prima-cruzada (matrilateral)". Este sistema impede totalmente a troca de mulheres entre dois grupos de descendência locais. Se o grupo B dá uma mu-

6. O mesmo pode ser dito do sistema um tanto anômalo dos Ambryn (DEACON, 1927, pp. 328-29; SELIGMAN, 1927, p. 374).

lher ao grupo A, este serviço nunca é retribuído da mesma forma, embora, é claro, isso possa ser feito de outras maneiras, por exemplo, através de pagamentos pelo casamento. No tipo ideal, um homem casa com a filha do irmão da mãe; ele está proibido de casar com a filha da irmã do pai.

Meu tipo Kachin inclui o tipo Karadjeri australiano e, assim, inclui o tão discutido sistema Murngin. Deve ser notado porém que, em geral, os sistemas do tipo Kachin não possuem aqueles aspectos do tipo Karadjeri que tornam o último caracteristicamente australiano, por exemplo, a divisão formal do grupo de descendência local em sessões compostas de gerações alternadas. (RADCLIFFE-BROWN, 1951, pp. 43, 55)[7].

[Na terminologia usada por Needham (1958b) estes tipos de casamento refletem, todos, regras prescritivas, e não preferências de casamento: pede-se ao indivíduo que escolha um parceiro de uma única categoria de parentes especificamente nomeada].

Pressupostos e objetivos

Para os propósitos deste ensaio, presumo que as três variedades de casamento entre primos-cruzados acima definidas (o tipo Kariera, o tipo Trobriand e o tipo Kachin) podem ser tratados de maneira frutífera, para propósitos de comparação, como isolados institucionais. Estou interessado nas implicações de tal comportamento institucionalizado para as sociedades nas quais essas regras ocorrem.

A literatura completa sobre o assunto do casamento entre primos-cruzados é bastante extensa; a maior parte dela foi recentemente revista por LÉVI-STRAUSS (1949). Neste ensaio estou principalmente preocupado com a parte deste material que trata do tipo Kachin de casamento; preocupar-me-ei com os tipos de casamento Kariera e Trobriand apenas na medida em que seja necessário fornecer contrastes e comparações.

7. Vale a pena notar que a regulamentação da Índia Meridional, descrita por Aiyappan, que proíbe o casamento com a filha da irmã do pai, mas aprova o casamento com a filha do irmão da mãe e com a filha da própria irmã *não* é um caso de tipo Kachin de casamento pois pode resultar numa troca de mulheres entre grupos. Veja-se a figura 6, onde a_2 e b_3 são ambas simultaneamente filha do irmão da mãe e filha da irmã em relação a seus respectivos maridos B_2 e A_2 (Cf. AIYAPPAN, 1934).

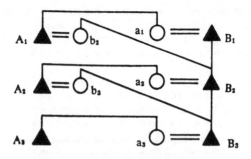

Fig. 6 Descendência patrilinear; casamento com a filha do irmão da mãe e/ou filha da própria irmã.

O aspecto particular do tipo Kachin de casamento que me interessa é o que se segue. Onde existe um tal sistema de regras institucionalizadas de casamento, em associação com grupos de descendência locais, um grupo B que proporciona esposas para o grupo A não é compensado da mesma forma. Existem, então, três possibilidades:

(1) Que o princípio de reciprocidade não se aplique de modo algum e que o grupo B não obtenha nenhuma compensação;
(2) que a reciprocidade seja atingida através de alguma forma de compensação política ou econômica dada ao grupo B pelo grupo A, por exemplo, pagamentos pelo casamento, trabalho, fidelidade política;
(3) que três ou mais grupos, A, B, C, façam arranjos mútuos para "casar em círculo" – C dando esposas para B, o qual dá esposas para A, o qual dá esposas para C novamente. Neste caso, as esposas que C dá para B são, em certo sentido, compensação pelas mulheres que B dá para A.

As implicações destas possibilidades alternativas constituem a matéria-objeto deste ensaio.

Mas quero deixar bem claro o que entendo por *implicação*. Não estou preocupado com as origens das regras institucionais. Parece-me provável que tais regras de casamento que estamos discutindo possam ter sido originadas de modos bem diferentes em diferentes sociedades. Também não estou grandemente interessado no que Malinowski chamaria de função aberta de tal comportamento. Não tenho nenhuma dúvida de que em diferentes sociedades numa mesma regra servirá a fins imediatos diferentes; a comparação em termos destes fins só pode, portanto, conduzir a resultados puramente negativos[8]. Estou interessado, mesmo, na 'função' de tais regras em sentido matemático. Por exemplo: dada uma regra, tal como a que define o tipo Kachin de casamento, e dados vários outros elementos comuns entre a sociedade A e a sociedade B, podemos inferir, por argumentos lógicos, que uma outra característica "x" desconhecida deve ser, também, comum às nossas duas sociedades? E se pensarmos que o podemos fazer, em que medida os fatos empíricos justificam tal afirmação?

Diagramas

Nas últimas seções deste ensaio faço uma discussão da literatura, ficando claro que sérios erros têm constantemente surgido de uma tendência em que diagramas estruturais são confundidos com a realidade etnográfica[9]. Em minha própria argumentação referir-me-ei constantemente a diagramas tais como os das Figs. 7 e 8. É importante que o leitor entenda, com clareza, como estes diagramas estão relacionados com a realidade.

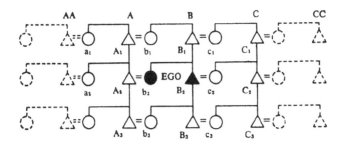

Fig. 7 Sistema de casamento do tipo Kachin (patrilinear). Apenas as linhas A, B, e C podem ser consideradas como *linhas locais.* Se todo o esquema for considerado, incluindo as linhas AA e CC, então as linhas verticais *são linhas de descendência,* (vide texto)

8. Creio que isto é mostrado claramente por Hsu (1945).
9. Cf. RADCLIFFE-BROWN (1951, *passim*) para críticas de Lawrence e Murdock por este motivo.

Em um sistema de descendência unilinear, seja patrilinear ou matrilinear, o tipo Kachin de casamento tem o efeito de agrupar os parentes de Ego em pelo menos três categorias mutuamente exclusivas, ou seja:

A. Grupos contendo "filhas da irmã do pai"
B. Grupos contendo "irmãs"
C. Grupos contendo "filhas do irmão da mãe"
Ego (masculino) tem permissão para casar apenas nos grupos C.
Ego (feminino) tem permissão para casar apenas nos grupos A.

Com o tipo de casamento Trobriand, por outro lado, um grupo que contenha em uma geração uma filha da irmã do pai conterá na geração seguinte uma filha do irmão da mãe[10]. Não existe, portanto, nenhuma categoria de grupos locais de descendência na qual o Ego (masculino) não possa se casar, ainda que fora do seu próprio clã.

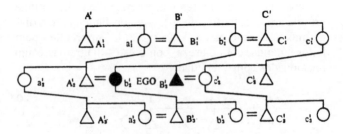

Fig. 8 *Sistema de casamento do tipo Trobriand (matrilinear). As linhas A', B', C' podem ser consideradas como sendo linhas locais.*

Esta distinção entre os tipos Kachin e Trobriand fica clara nas Figs. 7 e 8. Na Fig. 7, as três linhas, A, B, C, podem ser consideradas como representando três grupos de descendência locais patrilineares que se intercasam de acordo com o tipo Kachin de casamento. Na Fig. 8, as três linhas, A', B', C', podem ser consideradas como representando três grupos de descendência locais que se intercasam de acordo com o

10. Por exemplo, na figura 8, c'_2 é filha da irmã do pai de B'_2, mas c'_3 é filha do irmão da mãe de B'_3.

casamento do tipo Trobriand. No primeiro caso, o relacionamento entre o grupo B e o grupo A e entre o grupo B e o grupo C é bem diferente. B recebe esposas de C e dá esposas a A. No segundo caso, o tipo geral de relacionamento entre B' e A' é idêntico ao que existe entre B' e C', só que com um hiato de uma geração. FORTUNE (1933) foi o primeiro a apresentar este argumento de maneira clara.

As linhas A', B', C', podem ser consideradas como sendo *linhas locais.*

Nos sistemas do tipo Kachin, a divisão dos parentes de Ego em três categorias mutuamente exclusivas constitui um mínimo; devem haver outras categorias do tipo semelhante. Em teoria pode parecer, por exemplo como na Fig. 7, que deva haver sempre um outro grupo, AA, relacionado a A, do mesmo modo que A está relacionado a B, e que deva sempre haver um grupo CC relacionado a C, do mesmo modo que C está relacionado a B.

Se estivermos meramente procurando dispor as categorias do sistema de parentesco por um diagrama de *linhas de descendência*, é muito provável que estas linhas extras AA e CC sejam necessárias. Este é o caso no sistema Kachin verdadeiro (LEACH, 1945), e também no sistema Yir-Yoront australiano (SHARP, 1934). O tão discutido sistema Murngin requer no todo não menos do que 7 linhas (WARNER, 1930-31), de tal forma que o diagrama contém ainda linhas AAA e CCC, à esquerda e à direita, respectivamente.

Mas esta grande extensão do diagrama de linha de descendência não implica necessariamente em que um igual número de *grupos de descendência locais* esteja associado com o próprio grupo do Ego. Se a Fig. 7 denota *linhas locais* (grupos de descendência locais) ao invés de *linhas de descendência*, então não há razão para que AA não devesse coincidir com B, ou estar, de algum modo, sobreposto a este. Isto está no cerne da má compreensão de Murdock e Lévi-Strauss sobre o sistema Murngin, criticado por RADCLIFFE-BROWN (1951)[II].

II. Veja também p. 110.

Se estivermos preocupados com *linhas de descendência*, o modelo diagramático mais satisfatório para representar a totalidade do sistema de casamento do tipo Kachin será sempre constituído de algum número ímpar de linhas, com a própria linha de Ego centralmente localizada. Em contraste, qualquer sistema de regulamentação de casamento que aprove o casamento de um homem com a irmã do marido de sua irmã (por exemplo, tipos Kariera, Ar anda e Ambryn) pode ser mais facilmente representado por um modelo diagramático contendo um número par de linhas, sendo pouco importante a própria posição do Ego. Este fato também levou a muita confusão.

A parte central da Fig. 7, linhas A, B e C, pode ser tomada como um diagrama de *linhas locais*; mas o esquema completo, incluindo as linhas AA e CC, só pode ser um diagrama de *linhas de descendência* – ele meramente mostra as categorias nas quais os parentes do Ego necessariamente caem. Não diz absolutamente nada sobre a totalidade da sociedade Ego. Esta sociedade total pode conter qualquer número de grupos de descendência locais; a Fig. 7 especifica apenas três deles, ou seja, A, B e C; os demais poderiam, potencialmente, se encaixar em qualquer lugar. Por exemplo, suponha que exista um grupo de descendência local X, ao qual B não esteja relacionado, ou esteja apenas remotamente relacionado; então se o Ego (masculino) casa com uma mulher de X, X passará a ser classificado na categoria C – "que dá esposa"; mas se o Ego (feminino) casa com um homem de X, X passará a ser classificado na categoria A – "que recebe esposa".

A maioria dos escritores que discutiram os sistemas de casamento do tipo Kachin não conseguiu entender isto. Ao invés disso, eles foram levados a supor que um diagrama tal como o da Fig. 7 pode servir para representar, não apenas o sistema global de parentesco, como também a totalidade da sociedade do Ego. Uma vez que este pressuposto é considerado certo, algumas inferências errôneas parecem se seguir imediatamente. Em primeiro lugar, se as linhas AA e CC denotam grupos de descendência locais, então AA não tem maridos e CC não tem esposas; segue-se portanto que CC toma esposas de AA. O sistema torna-se, então, circular.

Além do mais, as cinco linhas, AA, A, B, C, CC, deixam agora de denotar meramente categorias de parentes do Ego; elas tornam-se segmentos reais da sociedade total e podem ser consideradas como se fossem "classes matrimoniais", ou talvez, como cinco fratrias estritamente exogâmicas, as quais, por algum processo místico, conseguem sempre manter uma composição de sexo e tamanho exatamente iguais.

RADCLIFFE-BROWN (1951, *passim*) criticou, acertadamente, e por esta razão, a análise do sistema Murngin feita por Murdock; quanto a mim, da mesma forma, criticarei os trabalhos de Hodson, Sra. Seligman, Granet, Lévi-Strauss e outros. Mas gostaria de deixar claro que o problema em questão não se refere apenas ao entendimento dos fatos etnográficos. Em um número de sociedades que possuem sistemas de casamento do tipo Kachin, os próprios informantes nativos habitualmente explicam as complicações de seu sistema de parentesco, dizendo que a sociedade consiste de 3, ou 5 ou 7 clãs que "casam em círculo"; e para provar que esta descrição é uma ficção, é necessária uma coleção de genealogias. Além do mais, podem ser encontrados casos em que três, ou mais grupos de descendência locais, realizam de fato, assim como na teoria, "casamentos em círculo" numa base contínua e mais ou menos exclusiva. As correspondências, assim como as contradições, entre o modelo ideal e o fato empírico exigem, portanto, comentário e análise.

II. A Literatura sobre o Casamento do Tipo Kachin
– 1920-1951

Primeiras teorias

Antes de chegar à minha própria análise destes problemas devo rever a literatura, na qual, anteriormente, já foi discutido este tipo de comportamento institucionalizado, pois reconheço que as teorias de 1950 são apenas elaborações das teorias de 1920 e 1930. Se meus comentários parecem quase que uniformemente adversos, é em parte pela razão que se segue. Os escritores que irei mencionar propuseram, todos, de um modo ou de outro, teorias a respeito de "casamento entre primos-cruzados", mas o fizeram tendo em vista fins extremamente diferentes. Alguns estavam interessados nas origens da sociedade humana, alguns, na álgebra da terminologia de parentesco, outros, em afirmar dogmaticamente algum princípio de causa e efeito etnográfico, e outros, ainda, em negar, simplesmente, estas afirmações. Parece-me que apenas um dentre eles, a saber, o Professor Lévi-Strauss, desenvolveu sua teoria no espírito da demonstração e dedução lógica que delineei acima como meu próprio objetivo. Sendo assim, frequentemente simpatizo com os pontos de vista do Professor Lévi-Strauss, pois penso entender o que ele está tentando fazer; do mesmo modo, frequentemente antipatizo com outros autores, simplesmente porque não entendo o que eles estão tentando fazer.

Na parte I vimos não só que existem três tipos distintos de casamento entre primos cruzados como também que cada um destes tipos tem implicações estruturais bastante diferentes. Embora a literatura significativa sobre o "casamento entre primos-cruzados" se reporte pelo menos aos primeiros anos deste século (RIVERS, 1907), a apreciação clara da importância destas distinções é um desenvolvimento relativamente tardio. Na verdade Frazer, Westermarck e outros tinham notado, antes de 1920, (FRAZER, 1918, vol. 2, p. 98 e ss.), a ocorrência generalizada de casamento assimétrico entre primos-cruzados de ambas as variedades, mas estes fenômenos não foram, em geral, considerados isolados, distintos do casamento recíproco entre primos-cruzados[12]. Ainda em 1929, em um artigo da *Encyclopaedia Britannica* intitulado "Cousin Marriage", a SRTA. WEDGWOOD (1929) (claramente sob a égide de Malinowski) confunde todos os três tipos de casamento entre primos-cruzados, e apenas toma nota da ocorrência do tipo Kachin "em uma tribo de Assam". O dogmatismo de Malinowski foi, talvez, parcialmente responsável por esta falta de discriminação. No auge do funcionalismo, tudo o que se procurava para a explicação de fenômenos estruturais eram simplesmente relações de causa e efeito. Se fosse possível

---

12. RIVERS (1921), entretanto, enfatiza que "precisamos de evidência não apenas a respeito da distribuição exata das três variedades, mas também... precisamos saber com quais outras práticas cada forma de casamento está associada".

mostrar que um arranjo institucionalizado "satisfazia uma necessidade", não se consideraria necessário olhar adiante. Em Trobriand, o herdeiro de um homem é o filho de sua irmã. Como pode ser visto na Fig. 8, com o casamento Trobriand, o filho da irmã de um filho da irmã é o próprio neto (filho do filho) do Ego, e casar-se-á com a própria neta (filha da filha) do Ego; portanto, este tipo de casamento serve para conservar os títulos de propriedade na linha patrilinear, em desafio à descendência e herança matrilinear[13]. Isto levou MALINOWSKI (1932, p. 86) a afirmar que, em Trobriand, tal casamento "é indubitavelmente um compromisso entre dois princípios desajustados, o de direito materno e o de direito paterno; e esta é sua principal razão de ser". A SRTA. WEDGOOD (1929) foi muito mais além e afirmou em relação ao casamento entre primos-cruzados, em geral, que "seu efeito mais importante está na transmissão da propriedade"[14].

Na data do artigo da Srta. Wedgwood, o tipo Kachin de casamento já havia sido tratado como um isolado independente, por um ou dois escritores. O primeiro deles parece ter sido GIFFORD (1916), em seu estudo sobre os Miwok. Gifford parece ter estado principalmente interessado na correlação entre a regra de casamento e a terminologia de parentesco. No estilo de sua época, após o modelo de Rivers, ele percebeu o sistema como sendo de casamentos secundários. Sua própria síntese do argumento é:

> "O direito de um homem a casar com a filha do irmão de sua esposa foi relegado a seu filho, o qual, portanto, casou com a filha do irmão da esposa de seu pai, em outras palavras, sua própria prima-cruzada (filha do irmão da mãe)" (GIFFORD, 1922, p. 256).

13. Em termos da figura 8, B'_3, que é o herdeiro de segunda geração dos títulos de terra de B_1, é filho do filho de B_1 e casar-se-á com a'_3 que é filha da filha do mesmo homem. Isto pressupõe, sem dúvida, o casamento com a verdadeira, mais do que com a classificatória, filha da irmã do pai. (Pelos fatos empíricos, parece-me que os Trobriand raramente casam com a verdadeira filha da irmã do pai).

14. Este tipo de explicação funcional do casamento de primos cruzados foi feito inicialmente por HILL-TOUT (1907, p. 145) e foi defendido em maior detalhe por RICHARDS (1914). É claro que o argumento pode ser perfeitamente válido em alguns casos. Em Trobriand, por exemplo, apenas uma minoria dos casamentos é totalmente "arranjada", e isto ocorre, usualmente, em grupos domésticos tais como os de chefes que possuem propriedades transmissíveis substanciais.

Gifford parece não haver reconhecido que tal arranjo implicaria numa relação contínua especial entre "a linhagem que recebe esposas" por um lado e "a linhagem que dá esposas" por outro.

Os artigos publicados na década de 1920-30 que parecem ter tido a maior influência sobre a teoria subsequente são os de HODSON (1921-5), SRA. SELIGMAN (1928) e WARNER (1930).

Hodson parece ter sido o primeiro a reconhecer que enquanto o tipo Kariera de casamento pode ser operado por, pelo menos, dois grupos exogâmicos, o casamento do tipo Kachin envolve pelo menos três de tais grupos[15]. Ele parece, pois, ter advogado uma classificação das tribos Assam entre as que tem uma organização dupla e as com uma organização tripartida[16], correspondendo ao tipo de casamento adotado entre primos cruzados. Hodson descobriu nos Kachin um exemplo ideal desta última espécie de organização. Ele pressupõe que esta sociedade consista de cinco "divisões" exogâmicas que casam em círculo. Todos os etnógrafos deixaram claro que os Kachin de forma alguma seguem de perto as suas próprias regras teóricas, mas, aparentemente, Hodson pressupôs que isto se devia a uma recente decadência dos costumes tradicionais.

A SRA. SELIGMAN (em 1928) parece não ter encontrado os artigos de Hodson. Sua abordagem ao tópico do tipo Kachin de casamento foi um tanto indireta.

Em 1927 havia sido publicado um artigo póstumo de DEACON (1927), que indicava haver em Ambryn uma forma anômala de casamento com a irmã do marido da irmã, a qual resultava na divisão da sociedade em seis seções ou "classes de casamento", muito próximas ao padrão australiano. O estudo deste sistema levou a Sra. Seligman a reexaminar o esquema da terminologia Pentecost de parentesco publicada por RIVERS (1914), que ela pensava pudesse ser aplicada ao

15. O argumento parece-me implícito em vários artigos de Hodson publicados de 1921 em diante. É formulado claramente por HODSON (1925, pp. 173-174).
16. As expressões "dupla" e "tripartida" são as usadas por BOSE (1934). Hutton trata em vários contextos, de 1921 em diante, de sociedades Assam com organização "dupla" e "tríplice", mas não as associa com nenhuma forma de casamento entre primos-cruzados; cf. HUTTON (1921a). O próprio Hodson parece escrever usualmente sobre organização "dupla" e "múltipla".

106

padrão Ambryn. Ao invés disso, ela chegou à conclusão, em bases puramente indutivas, de que o sistema de casamento de Pentecost devia ser do tipo Kachin (matrilinear). Sua explicação desta regra foi tanto nova quanto curiosa.

A Sra. Seligman distinguiu três sistemas de descendência, *unilateral*, *bilateral* e *assimétrico*. A descendência assimétrica foi considerada como um sistema que combina aspectos dos outros dois.

"A descendência é dita assimétrica quando uma forma funciona de maneira submersa, enquanto a forma dominante é responsável apenas pela organização clânica (ou qualquer outra forma de agrupamento). Neste sistema de descendência a forma dominante é reconhecida por ambos os sexos, mas... a forma submersa é reconhecida apenas por um sexo. Assim, com a descendência dominantemente matrilinear, tanto os homens quanto as mulheres reconhecem a descendência matrilinear, mas os homens também reconhecem a descendência patrilinear, enquanto as mulheres não o fazem" (SELIGMAN, 1928, p. 536).

Esta situação é melhor explicada algumas páginas adiante, quando é afirmado que em uma sociedade matrilinear "uma mulher casa no grupo do seu pai, um homem casa no grupo ao qual nenhum dos dois pertence". Estas duas afirmações não parecem ser muito consistentes, mas o que aparentemente se pretende é que, em termos da Fig. 9, Ego (masculino) é membro dos "grupos" B e C simultaneamente, enquanto sua irmã Ego (feminino) é membro apenas do "grupo" B.

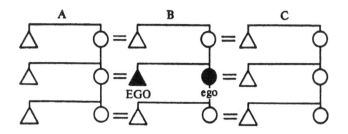

FIG. 9

No diagrama da própria SRA. SELIGMAN (1928, p. 542) o sistema é representado como circular – os homens do "grupo" A casam com as mulheres do "grupo" C – a natureza exata dos "grupos" em questão é obscura. Ela sugere, de maneira bastante hesitante, que em Pentecost estes grupos podem ser considerados como "classes de casamento" no padrão australiano, e parece argumentar similarmente em relação aos sistemas de casamento do tipo Kachin em Assam. Ao mesmo tempo ela reconhece, como Hodson havia feito, que embora devam existir pelo menos três "grupos" em tal sistema, pode muito bem haver mais do que três (1928, pp. 550, 553).

Parece que a Sra. Seligman desenvolveu seu princípio de "descendência assimétrica" como uma inferência do estudo das terminologias de parentesco. Ela não afirmou que qualquer sistema desse tipo tivesse sido relatado por pesquisadores em antropologia. Na verdade, entretanto, alguma coisa dessa espécie havia sido relatada da China. KULP (1925, p. 168) havia explicado um sistema de casamento do tipo Kachin na China Meridional, como se segue:

> "O último tipo de casamento (isto é, com a filha da irmã do pai) é tabu por causa da atitude tradicional de que o rapaz tem sangue apenas de seu pai e a moça tem sangue apenas de sua mãe... Mas a mãe tem o sangue do filho de seu irmão, porque este, sendo um filho, tem o sangue de seu pai... Em outras palavras, uma moça e sua mãe são convencionalmente consideradas, no que concerne ao casamento, como *siblings*, mas elas não são, na prática, membros do *sib* paterno."[17]

As palavras de Kulp estão longe de serem claras, mas o que ele aparentemente pretende falar é que uma mulher é identificada com sua mãe e um homem com seu pai, de tal modo que as relações sexuais entre um homem e a filha da irmã de seu pai são o equivalente a um incesto irmão-irmã. Creio que a Sra. Seligman poderia ter afirmado, justificadamente, ser este um exemplo concreto de descendência assimétrica.

Entretanto, um argumento desta espécie não nos diz nada a respeito de quaisquer implicações estruturais positivas da regra de casamento do tipo Kachin, embora possa, algumas vezes, ajudar-nos a explicar as associações mentais pelas quais o casamento com a filha da irmã do pai pode vir a ser considerado como incestuoso. Sendo assim, eu, pes-

---

17. O texto original de Kulp é ligeiramente menos ambíguo, pois inclui referências a um diagrama que é aqui omitido.

soalmente, não penso que o artigo da Sra. Seligman tenha contribuído muito para o tópico imediato de nossa presente discussão, muito embora ele possa ter sido importante como contribuição para as teorias de incesto e exogamia.

Seja como for, o conceito de descendência assimétrica, e a noção associada de que os "grupos" que se intercasam em um sistema do tipo Kachin podem ser considerados como "classes de casamento", teve indubitavelmente influência considerável, seja sobre a teoria subsequente, seja sobre o trabalho de campo subsequente – e nem sempre com resultados muito adequados[18].

A controvérsia Murngin

O primeiro estudo moderno de um sistema de casamento do tipo Kachin, realmente em operação, foi um relato de WARNER (1930-31) a respeito dos Murngin[19], publicado em 1930. Interpretações rivais dos dados foram publicadas por ELKIN (1933) e WEBB (1933) em 1933, e desde então, a controvérsia se extremou. A última contribuição a este debate foi um artigo, arrasador e notável, de Radcliffe-Brown, o qual, embora tenha demolido efetivamente os primeiros argumentos de Murdock (LAWRENCE & MURDOCK, 1949) ainda deixa alguns assuntos sem explicação.

Não me proponho a recapitular a totalidade desta argumentação, mas meramente a examinar alguns outros aspectos do assunto cuja tendência tem sido até agora, a de serem, de certo modo, negligenciados.

O cerne do debate é o seguinte: Warner apresenta o sistema de parentesco Murngin através de um diagrama de 7 linhas de descendência no modelo de minha Fig. 10. Radcliffe-Brown e seus discípulos imediatos, como por exemplo SHARP (1934), THOMSON (1949), tomam por certo que o diagrama não implica mais do que isso. Outros leitores do

18. Veja pp. 115 e 116.
19. *Murngin* é um termo aplicado por Warner à população de Arnhen Land oriental. Embora Warner fale de uma "tribo" Murngin, esta denominação é errônea. Como Thomson assinala, "a organização tribal é conspícua pelo fato de não fazer parte da intrincada organização social da área" (THOMSON, 1949, p. 11).

109

artigo de Warner em particular Lawrence, Murdock e Lévi-
-Strauss consideraram, entretanto, que as 7 linhas representam, não simplesmente linhas de descendência, mas segmentos reais da sociedade total.

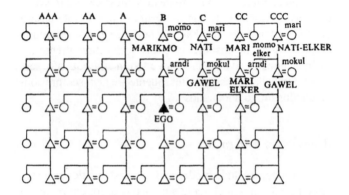

Fig. 10 *Diagrama do mesmo tipo do da Fig. 7, dando o esqueleto do diagrama da linha de descendência Murngin.*

RADCLIFFE-BROWN (1951) recentemente ridicularizou Murdock por sua má compreensão, mas penso que é uma questão discutível até que ponto, para o próprio Warner, estava claro o assunto em pauta. Embora na primeira metade de seu artigo Warner se refira de fato e de maneira bastante consistente ao seu diagrama, como se ele fosse apenas um sistema de linhas de descendência, na segunda metade ele também afirma que:

"todas as relações perpendiculares são fortes e inquebráveis, pois elas são linhas patrilineares de pai, filhos, filhas, irmãos e irmãs, que pertencem aos mesmos clãs totêmicos e às mesmas famílias interligadas"

"cada uma das sete linhas de descendência é construída com base na família restrita, a qual preserva sua continuidade através de leis patrilineares que regulam a descendência entre pai e filhos".
(WARNER, 1931, p. 172).

Mas, como vimos na Parte I deste ensaio, se as linhas representam grupos de descendência locais, o grupo A e o grupo C são não apenas distintos do grupo do próprio Ego, mas são também distintos um do outro. É então bastante compreensível que leitores do artigo de Warner tivessem suposto que cada uma das sete linhas de seu diagrama denotasse um grupo separado ou um conjunto de grupos de pessoas reais.

Isto posto, era inevitável que Lawrence, Murdock e Lévi-Strauss devessem todos inferir que o sistema global fosse realmente circular. LAWRENCE E MURDOCK (1949), efetivamente, não apenas afirmam que cada uma das sete linhas do diagrama de Warner representava um grupo de descendência separado, mas também que havia um oitavo grupo de descendência, o qual Warner não conseguia notar, e que os oito grupos "casavam em círculos", na maneira em que Hodson havia proposto para os Kachin. Não apenas isto, mas cada um destes grupos de descendência imaginário era ainda subdividido em 4 seções para produzir ao todo 32 "classes". Aparentemente a teoria é a de que Ego apenas pode casar em uma destas classes, o que parece implicar que ele deva casar com a filha do irmão da mãe, que é também irmã do marido da irmã do marido da irmã do marido da irmã do marido da filha da filha da irmã do pai do pai – uma proposição que RADCLIFFE-BROWN (1951, p. 53) considera, acertadamente, como grotesca!

Na verdade, se fosse o caso de estarem os Murngin divididos em 8, 16 ou 32 grupos locais distintos e facilmente reconhecíveis, mesmo um sistema fantástico deste tipo mereceria um exame sério. Mas desde que esta espécie de ordenação de grupos locais, tanto quanto sabemos, não existe, a versão Murdock da estrutura social Murngin não deve merecer outras considerações[20].

Mas embora eu aceite que Radcliffe-Brown demoliu com sucesso a noção de que as sete linhas de descendência do diagrama de Warner representavam segmentos da sociedade Murngin total, ele não conseguiu até agora deixar claro qual é exatamente o grau de correspondência entre estas linhas de descendência e os grupos de descendência

20. Muitos dados adicionais são necessários antes que se possa fazer uma análise plenamente satisfatória da situação Murngin. Parece possível que a chave para a situação possa ser encontrada na existência, nesta área, de numerosos "grupos linguísticos" cuja distribuição não coincide com a distribuição da população por localidade (cf. ELKIN e BERNDT, 1950; FIRTH, 1951b).

III

locais que constituem a sociedade Murngin efetiva em qualquer ponto do tempo.

Penso que esta questão pode ser esclarecida através de uma certa argumentação a partir dos primeiros princípios.

Minha Fig. 10 é um esqueleto do diagrama completo de 7 linhas de descendência de Warner. Preenchi, apenas, os termos de parentesco que assinalam parentes genealogicamente relacionados a Ego, *enquanto ele ainda é jovem*. As pessoas assinaladas pelas porções inferiores e esquerda do diagrama de Warner apenas se tornam socialmente importantes para o Ego depois dele ter casado e adquirido descendência.

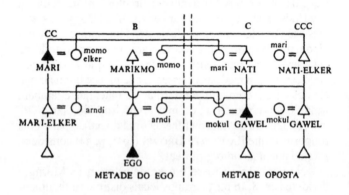

Fig. 11 Rearranjo do canto superior direito da figura 10. B, CC, C e CCC são aqui quatro grupos de descendência locais, B e CC em uma metade, C e CCC em outra.

A Fig. 11 mostra esta mesma parte superior direita da Fig. 10, redesenhada para mostrar o arranjo das metades. Nesta última figura, as linhas B, C, CC e CCC não precisam mais ser consideradas simplesmente como linhas de descendência; elas indicam grupos de descendência locais constituídos de pessoas reais vivas ao mesmo tempo e relacionadas ao Ego durante a sua infância e juventude. Este diagrama mostra a lógica da terminologia de parentesco muito mais claramente do que qualquer uma das construções fornecidas por Warner. O próprio grupo local do Ego, o grupo B, está aliado ao grupo do irmão da mãe da mãe do Ego (MARI), grupo CC, e contrabalançado por um par similar de grupos locais relacionados: o grupo do irmão da mãe (GAWEL) e o grupo do filho do irmão da mãe da mãe da mãe (NATI-ELKER)[21].

O grupo de descendência local CC, o qual é par do próprio grupo de descendência do Ego, B, não necessita ser necessariamente parte da horda patrilinear do próprio Ego, *mas pode sê-lo* – e este é o fato crucial, afirmado claramente por Warner, que invalida a interpretação que Murdock dá aos fatos. Na Fig. ii, MARI (linha CC) e MARIKMO (linha B) não podem ser uma e a mesma pessoa, mas podem ser irmãos clânicos[22].

Para a análise original de Warner é crucial uma discussão das relações de STATUS que ligam os três indivíduos, Ego (linha B), GAWEL (linha C) e MARI (linha CC).

Os princípios gerais de reciprocidade formulados por Mauss em seu *Essai sur le don* levar-nos-iam a esperar que o casamento do tipo Kachin estivesse normalmente associado a algum esquema de troca de presentes entre os grupos de descendência locais "que dão esposa" e os "que recebem esposa", de tal forma que, em contrapartida, o grupo "que dá esposa" recebesse alguma compensação pela perda da mulher e de sua descendência. Este parece ser o caso empírico de casamento do tipo Kachin em que os dados etnográficos são totalmente adequados embora, como veremos, a forma de compensação não seja sempre, exatamente, o que poderia ser esperado.

Isto traz, de imediato, um problema de importância teórica. Se, nos termos da Fig. 7 ou da Fig. 10, o grupo A está, em contrapartida, sempre dando presentes para o grupo B, e o grupo B para o grupo C, isto não sugere uma diferen-

---

21. Para deixar clara a relação entre os diferentes termos de parentesco alterei a escrita de Warner:

Warner	*Leach*
Natchiwalker	Nati-elker
Momelker	Momo-elker
Marelker	Mari-elker

Penso que isto é legítimo em vista dos comentários e da escrita de RADCLIFFE--BROWN (1951, p. 49) e THOMSON (1949, p. 77). O próprio Warner nota que estes três termos eram diminutivos de Nati, Momo e Mari, respectivamente.
22. WARNER (1931, p. 180): "eles pertencem à mesma metade e frequentemente ao mesmo clã". Cf. WARNER (1937, pp. 17-28-29).

113

ça permanente de *status*, na qual o grupo C é superior a B e B superior a A? Além do mais, se o sistema global *não* é 'circular', qual o sistema de reciprocidades que permite que os bens acumulados por C voltem novamente para A?

Warner examinou este problema na situação Murngin e suas conclusões são totalmente convincentes. Em sua análise, as pessoas do próprio grupo do Ego (Fig. II, Linha B) estão constantemente, em contrapartida, dando bens para as pessoas do grupo de GAWEL, linha C, e GAWEL ocupa, de fato, uma posição de superioridade de *status* em relação a Ego. Mas, do mesmo modo, as pessoas da Linha C dão bens às pessoas da linha CC, e MARI ocupa uma posição de superioridade de *status* em relação a GAWEL. Mas, entre Ego e MARI há uma grande solidariedade, pois Ego é uma espécie de sucessor ritual de MARI, herdando seus nomes (e possivelmente seus bens).

Portanto o argumento de Warner parece ser o seguinte: os grupos B e CC são aliados próximos – sejam ou não efetivamente segmentos do mesmo clã – e, juntos, ficam em oposição equilibrada aos dois grupos C e CCC, os quais são similarmente aliados; entre estes grupos, tomados como pares, realiza-se uma troca, embora não exclusiva, de mulheres. Esta é a situação enquanto Ego é ainda jovem. Mais tarde, no decorrer da vida, ele se torna, primeiro, um "irmão da mãe", posteriormente um "irmão do irmão da mãe", e outros sistemas de quatro linhas locais passam a existir – quer dizer, setores das linhas A, A A e AAA da Fig. 10. Em cada caso existirá este mesmo equilíbrio de um par de grupos de descendência locais em aliança próxima, e que, tomados como par, trocam mulheres com outro par, similar, numa base não exclusiva.

Deste modo, embora a diferença de *status* entre "os que dão esposa" e "os que recebem esposa" seja admitida, o sistema global é representado como um sistema de equilíbrio.

O argumento de Werner tem algumas falhas, e pareceria ainda que sua explicação requer que os grupos do sistema de Ego, o lado que recebe esposas, esteja sempre fornecendo bens a Ego, bens para os quais, em última análise, eles não têm fonte de suprimento. Este ligeiro paradoxo é, entretanto, amplamente solucionado por uma recente contribuição de THOMSON (1949), a qual indica que as trocas entre o irmão da mãe e o filho da irmã constituem apenas um elemento de um amplo sistema de trocas econômicas, e que a fonte última daqueles bens que não são facilmente manufaturados no próprio local é o comércio exterior contínuo com indonésios e europeus[23].

Esta discussão das relações econômicas e de status implícitas em um sistema de casamento do tipo Kachin é, para mim, o tema mais importante que pode ser derivado do estudo de Warner. Entretanto, este tema tem sido, de maneira geral, ignorado pela literatura mais recente sobre os Murngin. Todo o peso do debate, ao invés disso, tem estado centralizado "sur la manière dont se ferme le cycle des mariages" (LÉVI-STRAUSS, 1949, p. 245), e na medida em que as oito subseções encontradas na sociedade Murngin podem ser consideradas como classes matrimoniais. O erro básico destes argumentos "estilo Murdock" já foi explicado.

Finalmente, eu gostaria de notar que, no meu modo de ver, RADCLIFFE-BROWN (1951, p. 55) está demasiado ansioso em ver o sistema Murngin meramente como uma variante do padrão australiano geral. Neste ponto estou de acordo com Lévi-Strauss que considera o casamento do tipo Kachin como um legítimo isolado. O fato de que o sistema Murngin caia na categoria do tipo Kachin faz com que ele seja comparável em importantes aspectos com os sistemas do tipo Kachin que ocorrem fora do panorama australiano.

Discussões recentes sobre outras variedades de casamento tipo Kachin

Escritores de outras áreas foram igualmente vagarosos em acatar a pista de Warner de que o casamento do tipo Kachin parece implicar em uma superioridade de status do grupo de descendência local do irmão da mãe sobre o próprio grupo do Ego.

---

23. Os leitores da monografia de Thomson podem notar que ele traduz *garruto* por "parentes", enquanto que Warner traduz *garratu* por "sistema de parentesco". Creio que isto serve para confirmar que o próprio Warner estava confuso quanto até que ponto seu sistema de parentesco abstrato indicava pessoas vivas.

115

O tópico do casamento do tipo Kachin tem sido discutido em várias ocasiões, desde 1930, por K. P. Chattopadhaya e outros antropólogos indianos (CHATTOPADHAYA, 1931; DAS, 1935, 1945; BOSE, 1934, 1935, 1937 a, b; ROY, 1936). Todos os argumentos desenvolvidos por estes escritores derivam diretamente de Rivers, Hutton, Hodson e Sra. Seligman. Dois temas recorrem, constantemente; a pretensão de demonstrar que o casamento do tipo Kachin é um resultado da conquista de uma sociedade matrilinear com organização dupla por uma minoria patrilinear, e uma insistência sobre a existência empírica de "classes matrimoniais" do tipo postulado pela Sra. Seligman. Estes argumentos são expostos com ingenuidade e com uma álgebra muito erudita, parecendo, além do mais, que lhes falta mérito. Ao contrário, o pressuposto de que os clãs das "tribos" dos Velhos Kuki de Maniur sejam, de algum modo, uma espécie de "classe matrimonial" acabou por prejudicar de tal modo a descrição etnográfica desta região, que para propósitos de comparação o material é praticamente inútil. Por exemplo, afirmou-se a existência de sistemas de "casamento em círculo" entre os Chiru, os Chawte, os Purum e os Tarau. A evidência empírica não sustenta esta proposição em nenhum dos casos (DAS, 1934, 1945; BOSE, 1934, 1935, 1937, a, b; ROY, 1936). A única evidência positiva que efetivamente emerge é que, *em qualquer aldeia*, as patrilinhagens permanecem numa relação mais ou menos estável de "dar esposas" – "receber esposas", e que, *em qualquer aldeia*, existem diferenças de status entre as patrilinhagens. Estas não são, entretanto, as inferências que os próprios autores extraíram de seus dados.

Argumentos similares, de que o tipo Kachin de casamento está necessariamente relacionado com um sistema de três classes matrimoniais patrilineares que casam em círculo e que representam uma evolução de uma organização matrilinear dupla, anterior, foram propostos por OLDEROGGE (1946) e pela Sra. RUHEMANN (1948), mas não acho seus argumentos convincentes. VAN WOUDEN (1935) formulou um esquema teórico de 16 classes matrimoniais casando em círculo, o qual ele afirma ser a base dos sistemas sociais modernos da Indonésia Oriental. JOSSELIN DE JONG (1951) tentou recentemente uma análise bastante similar para Minangkabau. Estes esquemas são puramente hipotéticos e não correspondem, com nenhuma proximidade, a quaisquer fatos etnográficos relatados[24].

Outra versão do mesmo tema é a monografia publicada por Granet (1939). Esta versão parte para uma reconstrução da organização de parentesco dos antigos chineses, tanto no período arcaico, quanto no início do período clássico. Os dados usados para este fim foram terminologias de parentesco, formas de ritual tiradas de cultos aos ancestrais, citações de clássicos chineses e assim por diante. As conclusões foram de que o sistema arcaico era do tipo Kariera, mas baseado em casamento matrilocal, ao invés de patrilocal – i.e., um sistema matrilocal de 4 seções – enquanto que posteriormente, no início do período clássico, esta organização foi de algum modo convertida em um sistema de 8 "categorias" (na verdade, "classes matrimoniais") definidas patrilinearmente, as quais casavam em círculo de acordo com a regra do tipo Kachin. Em outras palavras, o sistema que Granet imaginou para o início do período clássico chinês era um sistema "Murdock-Murngin". A reconstrução de Granet é impossível porque a interpretação que Murdock faz do sistema Murngin é impossível também.

É difícil traçar com precisão a fonte das ideias de Granet, pois ele, desdenhosamente, não cita o trabalho de outros acadêmicos e insiste em descrever situações antropológicas muito simples através de uma notação diagramática de grande complexidade e de sua própria invenção. Entretanto, parece razoavelmente claro que ele está familiarizado tanto com o trabalho de Radcliffe-Brown quanto com o de Warner. O pródigo elogio que Lévi-Strauss faz à originalidade de Granet parece, assim, sem fundamento.

O principal mérito do trabalho de Granet é que ele traz a discussão de volta ao ponto em que Warner a deixara. Ele enfatiza o tema de que um casamento arranjado não é uma transação unilinear: faz parte de uma troca. Nos sistemas

24. Fischer e outro acadêmico holandês que escreveu extensivamente sobre os sistemas de casamento do tipo Kachin da Indonésia, mas creio que seus escritos não fizeram progredir a posição teórica. Cf. FISCHER (1935 e 1936) (Mas veja-se p. 91).

do tipo Kariera, é uma troca direta de mulheres; nos sistemas do tipo Kachin é uma troca de mulheres por presentes (prestações), presentes que, por sua vez, serão trocados com outro grupo, por outras mulheres. Assim, deveríamos ser levados, logicamente, a considerar o casamento do tipo Kachin não simplesmente como um fenômeno isolado de parentesco, mas como um fenômeno que envolve uma inter-relação entre instituições de parentesco e instituições econômicas. Mas Granet não se dedica a este aspecto do assunto.

Tal como Hodson, Granet encontrou no sistema Kachin, do modo como este foi descrito pelos etnógrafos, um modelo ideal para um sistema baseado no casamento com a prima cruzada matrilateral. Mesmo assim, é notável que ele não hesite em ajustar os dados etnográficos toda vez que os fatos relatados não preenchem os requisitos de suas reconstruções históricas hipotéticas. O sistema Kachin, como Granet o relata, está muito mais distante da realidade do que o sistema Kachin entendido por Hodson.

Embora a monografia de Granet diga-nos, provavelmente, muito pouco sobre a história antiga chinesa, ela teve o útil efeito de estimular os antropólogos a investigar os fatos concernentes ao casamento do tipo Kachin entre os chineses modernos[25].

A aprovação do casamento com a filha do irmão da mãe e a proscrição do casamento com a filha da irmã do pai parece ser uma tendência muito geral em certas áreas da China, embora em nenhuma parte esteja elevada ao *status* de uma regra absoluta. Fei (1939) e Hsu (1945) procuraram, ambos, explicações "funcionais" de um tipo causal simples. (Mas vejam-se pp. 90-91).

A explicação de Fei é que o casamento com a filha da irmã do pai é barrado, pois em tal sistema a avó (mãe do pai) de um Ego masculino, a qual é a tirana do próprio grupo doméstico de Ego, seria então da mesma linhagem da noiva de Ego (filha da irmã do pai). A mãe de Ego sofrerá com a tirania da avó, e tenderia então a perseguir a jovem noiva como vingança. O casamento com a filha do irmão da mãe

25. Hsu (1940) em uma revisão crítica do livro de Granet.

tem o efeito inverso: a sogra e a nora são da mesma linhagem. A proscrição do casamento com a filha da irmã do pai é, pois, considerado como promotor da harmonia entre sogra e nora. (Veja Fig. 12a e 12b).

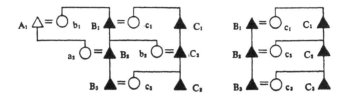

Fig. 12a Com o casamento (patrilinear) do tipo Trobriand, c_1 é originariamente do mesmo grupo de descendência local de c_3. a_2, que sofrerá perseguição nas mãos de c_1, vingar-se-á em c_3.

Fig. 12b Com o casamento (patrilinear) do tipo Kachin, c_1, c_2 e c_3 são todos da mesma linhagem e (em teoria) deveriam ser amigáveis uns com os outros.

Hsu argumentou acertadamente que uma explicação deste tipo envolve um grande número de pressuposições psicológicas não declaradas e inverificáveis. Em um esforço para mostrar que nenhuma explicação funcional pode ter qualquer validade geral, ele cita cinco diferentes explicações que lhe foram dadas em vários momentos por "jovens e sofisticados acadêmicos e professores velhos e ultrapassados, velhas senhoras de pontos de vista firmados e jovens senhoras de origem e atitudes modernas, trabalhadores de meia-idade e suas esposas camponesas". Estas várias e pretensas "funções" do casamento do tipo Kachin são de considerável interesse. Cito-as:

"1. O casamento significa para uma mulher sua transferência de uma família de padrão mais baixo para uma família de padrão mais alto. Pois é costume que os pais prefiram que suas noras venham de famílias mais baixas, enquanto preferem que suas filhas casem em famílias superiores às suas. O casamento com o filho do irmão da mãe significa, para uma jovem, entrar em uma família mais baixa do que sua família de origem...

2. O casamento com a filha da irmã do pai é um tipo de união que estreitará o círculo de parentesco e reduzirá o número de parentes que possam ser úteis...

3. É costume em todas as províncias chinesas que uma filha casada volte, de tempos a tempos, à família de seus pais, para períodos de residência temporária. Nesta casa, ela tem um lugar definido e privilegiado, em contraste com o lugar que ocupa na casa de seu marido, onde ela é o menos privilegiado de todos os membros. Agora, o casamento da filha da irmã do pai com o filho do irmão da mãe colocará a posição da mãe e a posição da filha em perigo; em um grupo doméstico, a privilegiada é a mãe e não a filha; enquanto que no outro, a posição é inversa. Isto torna difícil o ajustamento psicológico entre as duas...

4. O casamento do tipo filha da irmã do pai – filho do irmão da mãe é, na verdade, uma devolução de carne e osso[26].

Pais e filhos, irmãos e irmãs são carne e osso, uns em relação aos outros. A irmã do pai, ao dar sua própria filha em casamento para o filho de seu irmão, terá, virtualmente, efetuado a volta permanente da filha para a casa dos pais... é um prognóstico fatal de divórcio...

5. O tipo de argumento de Kiangsu, o qual foi endossado por Fei, de que o casamento entre o filho da irmã do pai e a filha do irmão da mãe conduz a relações familiares harmoniosas, enquanto que o casamento entre a filha da irmã do pai e o filho do irmão da mãe destrói tal harmonia..."[27]

Desta lista, o que me parece muito interessante é que as três primeiras sejam explicações essencialmente estruturais, na medida em que são expressas em termos de relações persistentes entre dois grupos de descendências locais, enquanto que as duas últimas, as quais parecem ter sido, singularmente, as únicas a receber apoio dos antropólogos, são explicações essencialmente psicológicas, na medida em que se referem às relações temporárias entre indivíduos.

O tipo estrutural de explicação é o único que tem relevância efetiva para nossa presente discussão. Das explicações deste tipo, a 1 e a 3 são estruturalmente iguais: ambas derivam do pressuposto de que o "grupo que recebe esposas" é de *status* mais alto do que o "grupo que dá esposas". Poder-se-ia reescrever as explicações 2 e 3 do seguinte modo: "todo grupo de 'descendência local' deve ter 'parceiros que

---

26. "Osso" e "carne" no sentido literal. (N. do T.)
27. Hsu (1945). Ver-se-á que no item 4 temos essencialmente o mesmo argumento dado por KULP (1925); veja *supra* p. 108.

recebem esposa' e 'parceiros que dão esposas' e estas duas categorias não devem ser confundidas".

Parece permissível extrair disto a inferência simples que se segue: *os chineses que praticam o tipo Kachin de casamento tomam por suposto que, em termos da figura 7, a gradação decresce da esquerda para a direita. O grupo A A tem nível superior ao grupo A, A tem nível superior a B, B superior a C, C superior a CC.*

Nota-se que esta direção de gradação é inversa àquela que foi anteriormente inferida para os Murngin. Entre os Murngin, o irmão da mãe (grupo C) tem nível superior a Ego (grupo B), e em contrapartida recebe presentes dele.

Portanto, é altamente significativo que no sistema chinês, a contrapartida de pagamentos vá dos que dão esposas aos que as recebem, e que a função expressa deste dote seja aumentar o *status* da noiva em sua nova casa. (FEI, 1939, pp. 43-44)[28].

A Teoria de Lévi-Strauss

Em 1949 Lévi-Strauss publicou seu formidável e ambicioso trabalho, *Les Structures élémentaires de la parenté.* Este é, ao mesmo tempo, uma contribuição à teoria do incesto, um estudo da relevância da reciprocidade para todas as formas institucionalizadas de casamento, uma análise das implicações estruturais de uma série de variedades de casamento entre primos cruzados e uma teoria geral da evolução social. O âmbito do trabalho inclui, portanto, o tópico deste ensaio, mas abrange também um campo muito mais vasto.

Minha crítica principal ao livro é que ele se aventura em demasia. Ao invés de ficar contente em tentar estabelecer correlações entre estruturas particulares de parentesco e uma variedade limitada de dimensões institucionais, o autor parece ter por meta estabelecer, ou ao menos indicar, as leis gerais de desenvolvimento que governam todas as sociedades asiáticas, antigas e modernas, primitivas e sofisticadas. Este programa enorme só é alcançado pela adoção de uma atitude

---

28. Supõe-se idealmente que o dote seja o dobro do preço da noiva.

121

decididamente soberba em relação aos fatos da história e da etnografia. No curso de uma longa, ainda que rápida viagem pela etnografia de toda a Austrália e da maior parte da Ásia continental, Lévi-Strauss esbanja uma profusão de sugestões analíticas do maior brilho. Mas, com frequência, estas ideias são mal aplicadas, seja devido à fraqueza de detalhe etnográfico, seja devido ao fato de que o autor esteja em demasia apressado para atingir coisas maiores e mais excitantes. Preocupam apenas aquela parte do argumento de Lévi-Strauss que trata do tipo Kachin de casamento. O próprio Lévi-Strauss parece considerar suas inferências sobre este tema como deduções estritamente lógicas do trabalho de Hodson, Warner e Granet, acrescido de seu próprio reexame das fontes Kachin originais. Mas estas deduções lógicas são, de fato, válidas?

A leitura que Lévi-Strauss faz da situação Murngin parece ter uma semelhança muito próxima com a leitura de Murdock, e deve ser colocada de lado pelas mesmas razões que já foram dadas. Ele nota os pontos de vista de Warner a respeito do *status* superior do irmão da mãe em relação ao filho da irmã entre os Murngin, e o equilíbrio da relação pela solidariedade entre o irmão da mãe e o filho da filha da irmã – mas ele recusa o argumento como sendo uma interpretação psicológica dos fatos sociais[29]. Disto concluo que ou eu ou Lévi-Strauss entendeu mal o que Warner estava tentando dizer. Se for válido o resumo que fiz do argumento de Warner (ver pp. 110 e ss.), então o argumento é estritamente estrutural e não psicológico, e é, na verdade, exatamente da mesma natureza dos argumentos que o próprio Lévi-Strauss desenvolve em outras partes de seu livro. Penso que a confusão nasceu em parte das afirmações pouco claras de Warner e em parte da própria tendência tida por Lévi-Strauss de confundir linhas de descendência com linhas locais.

Quanto a seus argumentos em relação aos Kachin, Lévi-Strauss volta às fontes originais, após haver notado as contribuições de Hodson e Granet. Posso pretender um conhecimento especial neste campo, pois eu mesmo desenvolvi trabalho de campo na área Kachin em vários momentos entre 1939 e 1943. Tendo este conhecimento especial, estou

29. Lévi-Strauss (1949), p. 236.

preparado para afirmar que Lévi-Strauss frequentemente entendeu mal suas fontes e que, em muitos aspectos importantes, esta má compreensão se deve a descuidos totalmente imperdoáveis. Entretanto, apesar destes erros do fato etnográfico, parece-me que ele desenvolveu várias sugestões teóricas grandemente originais que são, não apenas empiricamente válidas, como também da maior importância para uma compreensão adequada da situação Kachin.

Em primeiro lugar, quero substanciar minha acusação de descuido imperdoável. Lévi-Strauss baseia-se principalmente em fontes padronizadas (WEHRLI, 1904; GILHODES, 1922; HANSON, 1913; CARRAPIET, 1929) para suas referências bastante extensas aos Kachin, mas ele refere-se também, em vários pontos cruciais, a um trabalho de Head intitulado *Handbook of Haka Chin Customs* (1917). Se considerarmos o contexto em que esta fonte foi utilizada, não pode haver dúvida alguma de que Lévi-Strauss pressupôs que as afirmações de Head a respeito dos Haka Chin pudessem ser aplicáveis aos Kachin[30]. Não pode haver desculpa para este erro crasso. Não apenas os Chin estão geograficamente distantes dos Kachin, como nem sequer, tanto quanto sabemos, praticam o tipo Kachin de casamento[31].

Como o próprio LÉVI-STRAUSS argumenta, (1949, p. 322), o âmago de toda a sua análise dos Kachin gira em torno de dois aparentes paradoxos:

> "Nous sommes donc en présence de deux oppositions: l'une entre la simplicité des règles de l'union préférentielle et la complexité du système des prestations; l'autre entre la pauvreté des termes de références et la richesse des termes d'appellation."

Mas, o sistema complexo de prestações que ele cita é Chin e não Kachin; e a suposta pobreza de termos de referência e riqueza de termos de apelação é simplesmente um erro da literatura[32].

---

30. Cf. LÉVI-STRAUSS (1949), pp. 297, 322 e ss., 377 etc.
31. Os Haka Chin são, por um lado, vizinhos dos Lakher que, de fato, praticam o tipo Kachin de casamento de outro lado, são vizinhos dos Zahau Chin, que não o praticam. No que concerne aos próprios Haka, não existe evidência.
32. Cf. LEACH (1945). Há 18 termos de referência e não 14, como Lévi-Strauss supõe. Os "termes d'appellation" aos quais se refere, são, na verdade,

123

No que concerne à etnografia Kachin, não se pode, em absoluto, confiar em Lévi-Strauss. No que se segue, vou, portanto, restringir minha atenção a suas proposições teóricas. A tese de Lévi-Strauss, despojada de seu plano de fundo etnográfico, parece que se desenvolve mais ou menos como se segue:

(a) Na tradição de Tylor, a exogamia da família individual é vista como uma expressão da necessidade social, positiva, de "casar fora", mais do que como um reflexo das proibições negativas de incesto.

(b) Um casamento considerado em si mesmo é uma relação entre indivíduos. Mas sociologicamente, um casamento não existe isoladamente, mas como parte de uma série de casamentos passados e futuros. Deste ponto de vista, o casamento é apenas um incidente em uma série de transações recíprocas entre grupos.

(c) Podemos distinguir dois modos gerais nos quais as relações recíprocas são expressas. Em primeiro lugar, na transferência de bens; em segundo, na transferência de mulheres.

(d) Portanto precisamos considerar, pela lógica, três tipos de relações de troca:

(i) A relação entre grupos sociais é expressa pela troca simultânea, ou quase simultânea, de bens – o Kula dos Trobriand poderia ser tomado como exemplo.

(ii) A relação entre grupos sociais é expressa pela troca simultânea, ou quase simultânea, de mulheres – os sistemas de casamento australiano Kariera e Aranda poderiam ser tomados como exemplos (*échange restreint* na terminologia de Lévi-Strauss).

(iii) A relação entre grupos sociais é expressa pela troca de mulheres por bens – exemplos para este padrão são dados pelos sistemas de casamento assimétrico entre primos cruzados (*échange généralisé* na terminologia de Lévi-Strauss).

(e) Vistas deste ponto de vista, as duas variedades de casamento assimétrico entre primos cruzados têm implicações bastante diferentes: O casamento do tipo Kachin tem por efeito que, na relação entre os grupos A e B, o grupo A estará continuamente dando bens a B, enquanto B estará continuamente dando mulheres a A.

O casamento do tipo Trobriand tem por efeito que A dá mulheres a B em uma geração, mas B devolve as mulheres a A na geração seguinte (LÉVI-STRAUSS, 1949, cap. 27).

nomes próprios. Longe de serem numerosos, há apenas 9 para cada sexo, do que resulta uma proliferação de "apelidos".

124

(f) Lévi-Strauss (1949, p. 554) parece ter por ponto de vista que o casamento do tipo Trobriand não é, em termos relativos, sociologicamente importante, pois não resulta em continuidades estruturais a longo prazo. Dois casamentos em gerações sucessivas constituem meramente uma troca recíproca entre duas famílias biológicas. Quando o segundo casamento é realizado, toda a transação é completada.

Por outro lado, no casamento do tipo Kachin os grupos de descendência unilateralmente definidos, A e B, permanecem numa relação permanente e persistente de "grupo que dá esposa" e "grupo que recebe esposa". Toda a estrutura da sociedade é construída sobre o pressuposto desta continuidade.

(g) Vimos que a maioria dos predecessores de Lévi-Strauss neste campo pressupôs que o casamento do tipo Kachim implica necessariamente em um sistema de classes matrimoniais do tipo geral: A casa com B, B casa com C, C casa com A. Lévi-Strauss aceita esta posição de modo considerável e frequentemente confuso; todavia, há momentos em que ele vê além dela. Pois suponha que o círculo não esteja fechado, e então? Com os objetos de valor envolvidos nas transações de casamento indo sempre na mesma direção, isto não implica em uma diferença definitiva de *status* econômico entre o grupo que dá os bens e o grupo que os recebe?

(h) Seguindo esta linha de raciocínio e em bases puramente teóricas, Lévi-Strauss chega a uma conclusão interessante:

Idealmente, o tipo Kachin de casamento deveria operar sempre em círculo. Desde que isto ocorra, os objetos de valor circularão simplesmente em uma direção, enquanto as mulheres circularão em outra, e os *status* dos grupos de descendência locais componentes permanecerão iguais.

Na prática, tal sistema pode muito bem funcionar desde que haja, digamos, apenas três grupos no círculo. Mas em teoria, o sistema pode ser estendido indefinidamente em qualquer direção (como na figura 7 ou na figura 10). Quanto maior o número de grupos de descendência locais que houver, tanto menos praticável será manter todas as transações dentro do círculo.

Na prática, argumenta LÉVI-STRAUSS (1949, p. 325), haverá competição por mulheres; isto levará a uma acumulação de mulheres, maior em uma parte do circuito do que na outra, com um desenvolvimento consequente da diferença de preços de noiva:

> "on arrive donc à la conclusion que l'échange généralisé conduit, de façon presque inéluctable, à l'hypergamie, c'est-à-dire au mariage entre conjoints de status différents."

Tendo feito esta sugestão teórica, ele tenta validá-la em termos do material Kachin que discutira anteriormente. Ele nota que apesar de sua forma de casamento, os Kachin são mesmo assim relatados como constituindo uma sociedade estratificada em classes. Ele nota também a existência de provérbios que aprovam e outros que desaprovam a poliginia. Ele parece argumentar que apesar das dificuldades sociais resultantes, a aquisição de várias mulheres deve ser altamente valorizada na sociedade Kachin. Pretende-se claramente fazer o leitor inferir que ao longo da estrutura social, o grupo que recebe esposas tem uma gradação superior ao grupo que dá esposa, sendo os nobres, no topo da hierarquia, os acumuladores de mulheres[33]. Portanto, se tomarmos as linhas da Fig. 7 para representar 5 "grupos" A A, A, B, C, CC, que se intercasam, estes grupos podem ser considerados como "castas exogâmicas" que praticam o casamento hipergâmico, sendo que o grupo AA é o superior.

No mesmo livro, posteriormente, (1949, p. 518 e ss.) ele argumenta que os cinco clãs maiores (*grands groupes fondamentaux*) nos quais se supõe que a sociedade Kachin esteja dividida, podem ser identificados com estas castas exogâmicas. E ele vai além, argumentando que uma regra de casamento similar à do tipo Kachin pode ter sido um fator na criação do sistema de castas indiano, tal como o conhecemos atualmente.

Não estou preocupado com estas especulações extremas mais do que estou com aquelas de Granet, as quais são, de fato, de tipo muito semelhante; mas vale a pena discutir com algum detalhe, em que medida as hipóteses iniciais de Lévi-Strauss concordam efetivamente com a situação Kachin.

---

33. Parece que LÉVI-STRAUSS (1949) não afirma especificamente se ele supõe que "os que recebem esposas" têm nível superior aos "que dão esposas" ou vice-versa; mas parece que podemos acreditar na primeira alternativa, pois ele esboça analogias muito próximas entre o sistema Kachin e o dos chineses e também entre aquele e a hipergamia de castas indiana (p. 587). Ele nota com surpresa que PARRY relata a hipergamia Lakher operando na direção inversa (p. 336), mas não faz nenhuma inferência a partir daí. Na realidade, tanto entre os Kachin como entre os Lakher, os "que dão esposas" têm um nível superior aos "que recebem esposas". Para sustentar seu ponto de vista de que os Kachin, algumas vezes, dão um alto valor à poliginia, LÉVI-STRAUSS (p. 326) cita o seguinte provérbio

du num shi; tarat num mali
chefe mulher dez; plebeu mulher quatro

Ele interpreta este provérbio do seguinte modo: "um chefe pode ter dez esposas, um plebeu pode ter quatro". Na verdade, o significado real do provérbio é: "o preço da esposa de um chefe é de dez cabeças de gado; o preço da esposa de um plebeu é quatro cabeças de gado"

III. Uma Nova Análise dos Três Sistemas de Casamento do Tipo Kachin

O Sistema Kachin Genuíno

A sociedade Kachin[34] é descrita pelos relatos etnográficos correntes e por Lévi-Strauss como sendo constituída por 5 patrícias exogâmicos que casam em círculo, da maneira já discutida. Em um artigo publicado em 1950 (Leach, 1945) mostrei que este sistema de casamento circular não representa um fato empírico, mas é simplesmente uma espécie de modelo verbal que os próprios Kachin utilizam para explicar o padrão geral de seu sistema. A situação empírica é a seguinte:

Os Kachin consideram claramente sua sociedade como um sistema clânico amplamente ramificado e disperso. Os clãs principais são segmentados em linhagens dispersas, e assim sucessivamente. Após um primeiro contato com os Kachin, fica-se com a impressão de que a exogamia de clã deve prevalecer em toda parte, mas, na prática, isto é simplesmente uma "maneira de falar". Na realidade, a unidade exógama é a linhagem no seu grau mais inferior de segmentação. Esta linhagem menor é, em essência, um grupo de descendência local associado com um domínio político particular (*mung*), embora alguns de seus membros possam residir em qualquer outra parte.

Os Kachin habitualmente falam como se a relação de "dar esposa" – "receber esposa" (*mayu-dama*) que resulta do casamento, fosse da alçada das linhagens maiores, ou mesmo, dos clãs. Mas, na prática, o casamento é concernente apenas aos grupos de descendência locais. Se acontece existir, em um mesmo domínio, dois grupos que, do ponto de vista da linhagem, são segmentos de um mesmo clã, é mais do que provável que haja casamento entre seus mem-

---

34. O termo Kachin refere-se a uma população de aproximadamente 300 000 pessoas espalhadas por uma vasta área (cerca de 55 000 milhas quadradas) da fronteira Assam-Birmânia-Yunnan. A mesma teia de relações de parentesco opera em todo esse território, mas não há uma grande unidade política ou cultural na população. Não há, por outro lado, nenhuma divisão tribal claramente discernível nessa população. (Para detalhes, ver LEACH, E. R. *Political Systems of Highland Burma*. Londres, 1954).

bros e que os grupos estejam em relações de *mayu-dama*. No relato que se segue utilizo os termos "linhagem" e "grupo de descendência local" para ficar de acordo com esta distinção entre a ideologia Kachin e a prática Kachin.

Na ideologia Kachin, se um homem da patrilinhagem A casa com uma mulher da patrilinhagem B, é correto e esperado que posteriormente haja um outro casamento entre outro homem da linhagem A com outra mulher da linhagem B. Além disso, um casamento entre um homem da linhagem B e uma mulher da linhagem A seria uma quebra do direito costumeiro.

Portanto, o relacionamento entre as linhagens A e B é específico e tem continuidade estrutural. No que concerne às pessoas da linhagem A, a linhagem B é *mayu*; no que concerne às pessoas da linhagem B, a linhagem A é *dama*. Em cada casamento o *dama* adquire de *mayu* a descendência potencial da noiva.

As relações entre um Ego masculino e os membros de sua comunidade são feitas principalmente de três maneiras. Pessoas de seu próprio grupo de descendência local e de outra linhagem de seu próprio clã são "irmãos" (*HPU-NAU*), pessoas dos grupos locais de descendência em que se supõe que ele e seus *siblings* de sexo masculino casem são *mayu*; pessoas dos grupos locais de descendência em que se supõe que seus *siblings* de sexo feminino casem são *dama*. A maior parte das pessoas com as quais Ego se relaciona cai em uma destas três categorias, sendo que aqueles que não têm relações cognáticas ou afins com Ego são tratados como se fossem parentes remotos do próprio clã de Ego. Assim os *mayu* dos *mayu* são classificados como "avós"; os *dama* dos *mayu* são classificados como "irmãos"; os *dama* dos *dama* são classificados como "netos". Em termos do diagrama que apresentamos na Fig. 7, a ordem de precedência desenvolve-se, portanto, da esquerda para a direita; o grupo AA é constituído por "netos", A por *dama*, B por "irmãos", C por *mayu*, CC por "avós"[35]. Isto sugere que se há uma diferença de *status* entre os que dão esposas (*mayu*) e os que as rece-

---

35. Talvez deva ser enfatizado que Ego tem permissão para casar com esses "avós" e "netos" classificatórios.

bem (*dama*), os primeiros e não os últimos são os de maior nível. De fato, é o que ocorre.

O ideal Kachin é que uma série de linhagens *mayu-dama* case em círculo; o mito explicativo especifica cinco linhagens maiores (clãs), mas qualquer número maior do que dois é suficiente. Sistemas circulares que envolvem três e ocasionalmente quatro grupos de descendência locais não são incomuns; mas, como Lévi-Strauss percebeu, o sistema torna-se crescentemente instável na medida em que o número de unidades, em uma mesma teia de relações, é aumentado. Lévi-Strauss sugeriu que essa instabilidade surge da competição pelo acúmulo de mulheres para casamentos poligínicos; a situação empírica demonstra que a instabilidade surge da competição pelo preço da noiva.

Empiricamente, a comunidade local Kachin tem uma forma estrutural bastante padronizada, embora sejam muito variáveis suas dimensões em termos de área geográfica, população e segmentos componentes. A unidade política é uma única área contígua, governada por um chefe[36]. A esta área denominarei o domínio (*mung*) de uma linhagem particular com grau de chefia. O cargo de chefe (*duwa*) é sempre ocupado por um membro desta linhagem e o título normalmente passa do filho mais novo para o filho mais novo em linha masculina. A natureza dos direitos pertinentes a este cargo de chefe será considerada logo a seguir.

A população do domínio compreende membros de muitas linhagens diferentes, algumas de gradação elevada, outras de baixa gradação, mas dentro de cada domínio nenhum outro grupo de descendência local pode ter um nível tão alto quanto o do grupo de descendência local do chefe. Todos os grupos de descendência locais dentro de um domínio tendem a se relacionar de uma maneira bem definida, a qual será explicada mais a seguir. Este padrão é pouco afetado pelas ramificações da linhagem fora da área do domínio.

Territorialmente, a área do domínio é de hábito segmentada em várias seções, às quais denominei em outra parte agru-

---

36. O que se segue é aplicável basicamente ao tipo de organização política Kachin denominada *gumsa*. Em um tipo de sistema alternativo denominado *gumlao* a estrutura é um tanto diferente.

pamentos de aldeias (*mare*); os agrupamentos de aldeias são, por sua vez, segmentadas em aldeias (*kahtawng*). Estes segmentos são estruturalmente homólogos. As relações entre uma aldeia e o agrupamento do qual ela faz parte são, em quase todos os aspectos, idênticas àquelas entre um agrupamento de aldeias e seu domínio. Assim, algumas unidades políticas compreendem apenas uma aldeia; outras, várias, que formam um agrupamento de aldeias; outras, ainda, abrangem vários agrupamentos de aldeias. Entretanto, os princípios de organização, em cada um desses sistemas políticos, são os mesmos.

Para ilustrar estes princípios, consideraremos um domínio hipotético que consiste em um único agrupamento de aldeias, constituído por quatro aldeias. Cada uma destas quatro tem um cabeça (*salang wa*) hereditário. Um desses quatro cabeças é também o chefe de todo o domínio. A herança dos cargos de cabeça e de chefe ocorre da mesma maneira. A linhagem do chefe "possui" todo o território do domínio. O grupo de descendência local do cabeça de uma aldeia "possui" o território de sua aldeia. Estes dois tipos de propriedade são, porém, de ordens diferentes. A propriedade do chefe é reconhecida pelo fato de que todas as pessoas do domínio que não sejam de sua própria linhagem devem presenteá-lo com a perna posterior de qualquer animal morto em sacrifício ou em caçada; e ainda pelo reconhecimento de que estas mesmas pessoas estão sob a obrigação de trabalhar gratuitamente para o chefe em ocasiões determinadas, como por exemplo, na limpeza do campo do chefe e na construção de sua casa. A propriedade do cabeça de aldeia por outro lado, é reconhecida no fato de que distribui os direitos de cultivo das terras da aldeia entre os chefes de família que nela habitam. Não se pode propriamente dizer que qualquer destes tipos de propriedade inclua o direito de alimentação, embora as terras possam ser transferidas de um chefe para outro e de uma aldeia para outra em certas circunstâncias especiais.

As relações políticas entre o chefe de domínio e o cabeça da aldeia – e o mesmo vale para as relações entre o cabeça e o habitante da aldeia – têm semelhanças consideráveis com os direitos feudais ingleses de posse. Se considerarmos o chefe como o senhor feudal, então o *status* do cabeça da aldeia ficará semelhante a alguma coisa entre o *status* do proprietário que possui terras por herança e o *status* de um aldeão proprietário alodial que possui sua terra através de propriedade costumeira ou aforamento. Se aceitarmos a analogia, então poderemos esperar encontrar certas diferenças nítidas nos *status* de classe ocupados pelos grupos de descendência locais do chefe, do cabeça da aldeia, dos plebeus. Esta diferença de *status* de classe existe, embora seja importante enfatizar que as distinções de classe são definidas principalmente em termos de direitos a símbolos de prestígio não utilitário[37], e que as diferenças entre os padrões econômicos dos aristocratas e dos plebeus são normalmente muito leves.

Se negligenciamos o complicado assunto da escravidão[38], há três classes usualmente reconhecidas na sociedade Kachin que chamaremos de classe de chefia, classe aristocrática e classe plebeia. A qualidade de classe é teoricamente um atributo de linhagem e não de pessoa. Assim as linhagens são descritas como sendo *du baw amyu*, "linhagens de chefia"; *ma gan amyu*, "linhagens de filho mais velho", e *darat amyu*, "linhagens plebeias". Desde que os plebeus são em número muito maior do que os aristocratas, e estes, em número muito maior do que os chefes, há, necessariamente, um procedimento pelo qual os excedentes das classes superiores passam para a classe imediatamente inferior. Este procedimento depende do princípio bem conhecido da "fissão de linhagem". Quando uma linhagem "adquiriu" uma profundidade de quatro ou cinco gerações, ela tende a se fracionar; mas das duas linhagens residuais apenas uma mantém o *status* de classe da linhagem que lhes deu origem, a outra tende a "ir para baixo" (*gumyu yu ai*). Em teoria, a linhagem superior é sempre na linha do filho mais novo – ou

---

37. Por exemplo, o direito de fazer um tipo particular de sacrifício ou de colocar um mastro particular junto à casa.

38. A "escravidão" Kachin foi abolida oficialmente pela ação administrativa britânica. Antigamente havia várias categorias de "escravos" (*mayam*), mas a maioria era constituída mais de servos voluntários ou mesmo filhos adotivos de seus senhores, do que propriamente de escravos. Sistemas similares da assim chamada "escravidão" foram com frequência relatados dessa região (Cf. PARRY, N. E., *The Lakhers*, Londres, 1932, p. 223; HUTTON, J. H., *The Sema Nagas*, Londres, 1921, pp. 145 e ss. e 385 e ss.). Na hierarquia de casamento Kachin os escravos formavam nominalmente duas classes adicionais inferiores aos plebeus. (Veja também: LEACH, E. R., 1954, Apêndice III).

seja, o filho mais novo do filho mais novo etc. – e, assim, as linhagens que se fracionaram das linhagens de chefia e assumiram um *status* subordinado são linhagens do filho mais velho[39] – isto é, aristocráticas. Similarmente, as linhagens que se separam das linhagens aristocráticas tendem a "ir para baixo" e a se tornarem linhagens plebeias.

O casamento com primas cruzadas matrilaterais joga uma parte importante, não só na manutenção desta estrutura de classe, mas na definição das relações '"feudais" entre os chefes, cabeças e plebeus.

Os dois princípios mais gerais que governam o sistema de casamento Kachin são: a) um homem fará tudo o que for possível para evitar casamento com uma pessoa de classe inferior; b) um homem procurará tirar todo o lucro possível do casamento de suas filhas, seja em termos de preço de noiva, seja em termos de vantagem política. A visão de Lévi-Strauss de que a poliginia é tida em alta conta por seus próprios méritos é errônea. Os fatores que influenciam chefes (e, algumas vezes, cabeças de aldeias) a adquirir mais de uma esposa são, primeiramente, a importância de ter um herdeiro masculino para dar sequência ao grupo de descendência local, e, em segundo lugar, a vantagem política que advém da manutenção de relações simultâneas com diversos grupos *mayu* (que dão esposa).

Um chefe, para manter *status*, deve casar tendo por primeira esposa uma mulher de outra linhagem de chefia, ou seja, uma mulher de outro domínio de chefia. Tais casamentos podem formar a base de alianças políticas, em grande escala. Não é incomum encontrar três grupos vizinhos de chefia A, B, C, ligados pela regra de que o chefe A casa com a princesa B, o chefe B casa com a princesa C e o chefe C casa com a princesa A. Os Kachin chamam este sistema de "trilha circular das primas" (*khau wang hku*). Os três chefes são de *status* iguais. As mulheres contornam o círculo em uma direção, os pagamentos pelas noivas contornam-no pelo caminho inverso. A propósito, desde que as transações de

---

39. Na teoria Kachin o *status* de uma linhagem é definido, de maneira absoluta, pela genealogia, de sorte que uma linhagem pode apenas perder *status*, jamais ganhá-lo. A situação prática é muito mais flexível do que isto, mas a sua discussão deve ser adiada para uma publicação ulterior. (Veja: LEACH, E. R., 1954, pp. 162 e ss. e LEACH, E. R., "Letter", in *Man* Jan. 1960).

casamento são em certa medida nominais, o prestígio de todos pode ser realçado pela estipulação de preços de noiva de dimensões enormes (e bastante imaginárias).

Assim, sempre há algumas mulheres do grupo de descendência local do chefe que casam fora do domínio, em outra linhagem de chefia; outras, porém, casam com homens das linhagens aristocráticas do próprio domínio do chefe. O grupo de descendência local de um cabeça de aldeia é, tipicamente, da classe aristocrática, e será *dama* (que recebe esposa) em relação ao grupo local de descendência do chefe.

Ao nível aristocrático operam-se alternativas similares. A linhagem aristocrática típica é a linhagem de um cabeça de aldeia. Alguns aristocratas casam com mulheres do grupo de descendência local do chefe; alguns casam com mulheres de outros grupos de descendência locais de classe aristocrática, da vizinhança – especialmente de grupos de descendência locais de outros cabeças de aldeia do domínio. Algumas mulheres aristocratas casam com homens aristocratas, outras com plebeus de sua própria aldeia. Em cada nível, tende a ser estabelecido um sistema circular do *khau wang hku* limitado, mas não exclusivo. Pode-se ilustrar esse princípio recorrendo a um diagrama que representa uma federação política imaginária, a qual compreende três chefes, um dos quais tem sob si três cabeças e um destes tem sob si três grupos locais de descendência plebeus. (Fig. 13)

As linhas A, B e C são os grupos de descendência locais dos três chefes, e possuem três domínios políticos separados. A é dama para B; B é dama para C; C é dama para A.

O domínio A compreende 4 aldeias representadas pelas linhas A, b, c, d. O chefe do domínio A é simultaneamente o cabeça de sua própria aldeia. Os três cabeças subordinados casam em círculo, d é dama para b; b é dama para c; c é dama para d. Em adição, pelo menos um destes cabeças, no caso d, é dama para o chefe A.

Do mesmo modo, a aldeia do cabeça d compreende quatro grupos locais de descendência. Três deles, α, β, γ, são da classe plebeia; a quarta, d, é o próprio cabeça e é da classe aristocrática, α, β, γ casam em círculo e pelo menos um deles (α) é dama para o grupo d, do cabeça da aldeia.

Pode ser notado que esta estrutura não é, como suposto por Lévi-Strauss, análoga à hipergamia do sistema de castas

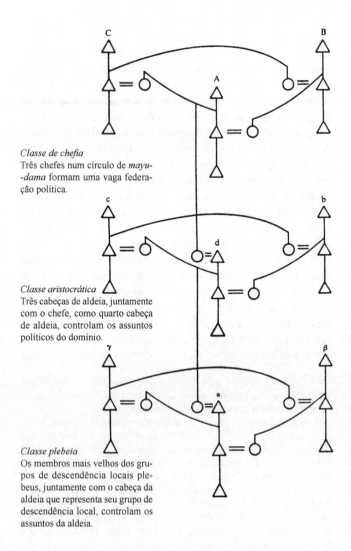

Classe de chefia
Três chefes num círculo de *mayu--dama* formam uma vaga federação política.

Classe aristocrática
Três cabeças de aldeia, juntamente com o chefe, como quarto cabeça de aldeia, controlam os assuntos políticos do domínio.

Classe plebeia
Os membros mais velhos dos grupos de descendência locais plebeus, juntamente com o cabeça da aldeia que representa seu grupo de descendência local, controlam os assuntos da aldeia.

Fig. 13 Estrutura política Kachin.

indiano, mas sim uma hipergamia reversa. As mulheres podem casar dentro de sua própria classe ou da classe inferior, mas nunca dentro da classe superior[40].

A estratificação de classe e o casamento formalizado relaciona-se com os laços de classe concernentes à organização da ocupação da terra da maneira seguinte. Idealmente, o padrão de residência Kachin é patrilocal. Os Kachin falam frequentemente como se um filho, ao crescer, se estabelecesse automaticamente na aldeia de seus pais. Em relação aos plebeus, que

40. Chefes e cabeças podem tomar mulheres de uma classe inferior como segundas esposas, para conseguirem herdeiros. Entretanto, a descendência de uma tal mulher não terá o *status* pleno da classe do pai. A flexibilidade prática, em oposição à rigidez teórica, depende deste ponto. (Veja nota 39). Presumo que todos os leitores levarão em conta que esta explicação do significado do casamento com primas cruzadas matrilaterais para a hierarquia de autoridade no tipo *gumsa*, da organização política dos Kachin, é baseada num "modelo" necessariamente bastante simplificado da realidade empírica. Mas é um "modelo" que, de fato, os próprios Kachin construíram. Os Kachin *gumsa* parecem organizar suas vidas com base na teoria de que as linhagens estão hierarquicamente ordenadas da maneira que descrevi. Eles insistem com bastante vigor em que as linhagens plebeias não podem ganhar *status* e se tornar aristocráticas, embora empiricamente este não seja exatamente o caso. Objetivamente, a situação parece ser que na sociedade Kachin *gumsa*, todas as linhagens presentes em uma comunidade local têm *status* graduados, ou seja, dadas quaisquer duas linhagens, uma tem graduação superior; isto é verdade mesmo que ambas as linhagens em questão sejam realmente tidas por linhagens plebeias. Mas esta ordem de graduação não é estável. Todo cabeça de grupo doméstico está constantemente procurando ganhar *status* para si e para a sua linhagem. Há uma variedade de técnica reconhecidas para conseguir mérito deste modo – um homem pode, por exemplo, dar uma "festa de riqueza" (*sut manau*) mas o procedimento mais efetivo e mais permanente de ascensão social é arranjar um casamento vantajoso para um filho. (Esta afirmação foi fonte de alguns desentendimentos. Para elaboração, veja LEACH, E. R., 1960). Para melhor esclarecer as coisas, devo enfatizar novamente um ponto realçado em meu primeiro artigo (LEACH, E. R. 1945). O casamento Kachin preferido não é entre a filha do irmão da mãe e o filho da irmã do pai, mas entre a filha *classificatória* do irmão da mãe e o filho *classificatório* da irmã do pai (em Kachin, *nam* e *gu*). É somente entre os chefes, cujo círculo de parentes é, necessariamente, um tanto reduzido, que um casamento ortodoxo com *nam* implica no casamento com uma filha "verdadeira" do irmão da mãe ou qualquer parente próximo. Um plebeu tem normalmente um grande número de *nam* de onde pode escolher, incluindo, por exemplo, qualquer irmã da linhagem da esposa de qualquer dos irmãos da linhagem de seu pai. Em muitos casos, a relação real entre *gu* e *nam* é muito remota, mas aos olhos Kachin *qualquer* casamento *gu-nam* é estritamente ortodoxo. Um importante corolário disto é que as implicações de *status* de classe na regra de casamento Kachin agem com resultado muito mais marcante entre as classes aristocráticas (que apresentam em geral uma tendência para casar com parentes próximos) do que entre as classes plebeias (que não apresentam essa tendência).

135

não tem prestígio para manter, a prática é bem conforme à teoria; mas pessoas de níveis superiores têm pelo menos tendência para se estabelecer tanto matrilocalmente quanto patrilocalmente. Um fator preponderante aqui é que o elevado *status* do irmão mais novo não favorece relações amigáveis entre os *siblings* de sexo masculino em famílias de chefes.

Mas se um filho de um chefe se estabelece na aldeia de seu sogro, ele se coloca em uma posição inferior e admite sua inferioridade. Provavelmente ele vai conseguir sua esposa por um preço bem mais reduzido, mas, isto em si, é uma desgraça. Com efeito, um homem que se estabelece matrilocalmente torna-se seguidor e arrendatário de seu sogro. Ao estabelecer-se matrilocalmente desta maneira, um homem funda um novo grupo de descendência local patrilinear. Se as relações de *mayu-dama* assim iniciadas continuam por várias gerações com uma residência patrilocal ortodoxa, o resultado último será que os descendentes do sogro e os descendentes do genro viverão lado a lado na mesma comunidade, em relação de senhor de terra-arrendatário. Este é, provavelmente, o fato mais comum das atuais aldeias Kachin.

Há também outras maneiras pelas quais um *status* de *mayu-dama* entre dois grupos de descendência locais pode vir a refletir uma relação no sentido feudal de senhorio de terra – arrendamento.

Rixas de sangue, por exemplo, normalmente começam por causa de mulheres. Tipicamente, uma rixa ocorre entre *mayu* e *dama*. O fim apropriado de uma rixa é um casamento – a relação de *mayu-dama* é restabelecida. Isto tem significado algumas vezes que o grupo derrotado se estabelece no território dos vitoriosos como arrendatário *dama* destes[41].

Quando um chefe vai à guerra, ele tem o direito institucionalizado de chamar seus *dama* para ajudá-lo. A recompensa prometida pela vitória pode ser um território de aldeia. Mais uma vez o resultado final é que o chefe e seus arrendatários estão em uma relação de *mayu-dama*.

Finalmente, em áreas de população esparsa, um chefe que tem muito território, mas poucos seguidores, pode pedir

41. Cf. o exemplo Lakher por N. E., PARRY, p. 219.

136

explicitamente para os seguidores de outro chefe que venham juntar-se a ele, e selará o acordo com o presente de uma filha[42].

De um modo geral, quando os "arrendatários" ou seguidores do cabeça de uma aldeia ou chefe de um domínio não são considerados como irmãos clânicos do "senhor da terra", eles estão no *status* de "genro" (*dama*) em relação ao "senhor da terra". O procedimento para adquirir direitos de quaisquer espécies é, em quase todos os casos, equivalente a casar com uma mulher da linhagem do "senhor da terra". Em termos Kachin, os direitos que qualquer arrendatário tem em sua terra são expressos no fato de que ele é *dama* em relação ao seu superior imediato na hierarquia "feudal".

Esta análise soluciona o que parecia ser, para Lévi-Strauss, um importante paradoxo. Tal como entendido por Lévi-Strauss, o sistema Kachin é constituído idealmente de 5 classes matrimoniais que se intercasam, e é, portanto, em essência, igualitário. Desde que a noiva provável de um homem pareça estar especificada de antemão pelas regras do sistema *mayu-dama*, não é porventura paradoxal que o pagamento do preço da noiva deva ser tão grande e tão complexo[43]? LÉVI-STRAUSS (1949, p. 327) parece dar como explicação, que esses pagamentos de elevados preços pela noiva são uma espécie de sintoma patológico representando o "conflito entre as condições igualitárias de troca generalizada e suas consequências aristocráticas". Ele percebe que um sistema de classes matrimoniais com a complexidade formal que atribui ao sistema Kachin não pode funcionar. Ele infere que as classes matrimoniais converter-se-ão em classes privilegiadas, mas considera que isso está "en contradiction avec le système, et doit donc entrainer sa ruine", (p. 325).

Por outro lado, o sistema, tal como acabo de descrevê-lo, não é nem contraditório, nem autodestrutivo. É verdade, entretanto, que o pagamento pela noiva segue sempre a mesma direção, dos plebeus para os aristocratas, dos aristocratas para os chefes. É também verdade que, se o pagamento pela noiva fosse constituído totalmente de comodidades insubs-

---

42. Cf. Kawlu Ma Mawng (1942, pp. 55 e 58).

43. Embora Lévi-Strauss tenha confundido a prática Kachin com a Chin, creio que ele pode, ainda, argumentar que a escala de pagamentos de preços da noiva Kachin é paradoxalmente grande.

tituíveis do tipo *vaygu'a* Trobriand, o sistema poderia ser autodestrutivo pois a soma total de "moeda corrente para o pagamento da noiva" acabaria nas mãos dos aristocratas. Mas na realidade o principal item no pagamento da noiva, ou em qualquer uma das outras complexas obrigações legais às quais Lévi-Strauss (1949, p. 326) se refere (*des prestations et des échanges, des "dettes", des créances et des obligations*), é um presente em gado; e o gado é, entre os Kachin, uma comodidade consumível. Como resultado, o chefe tende a acumular riqueza na forma de gado. Mas o seu prestígio não vem da posse de gado, deriva do abate de animais em festas religiosas (*manau*). Se um chefe torna-se rico como consequência de casamentos ou de outras transações legais, ele meramente realiza *manau* com maior frequência e em maior escala. Desta maneira seus seguidores que participam da festa beneficiam-se proporcionalmente. Aqui está, pois, o elemento necessário para completar o ciclo das trocas; a sua falta fez Lévi-Strauss considerar o ciclo como paradoxal.

Recapitulemos minha análise:

(1) De um ponto de vista *político*, o chefe está para o cabeça assim como o senhor de um domínio feudal está para o proprietário alodial.

(2) De um ponto de vista do *parentesco*, o chefe está para o cabeça assim como *mayu* está para *dama*, ou seja, assim como o sogro está para o genro.

(3) De um ponto de vista *territorial*, o *status* de parentesco da linhagem do cabeça em relação à linhagem do chefe, é utilizado para validar o sistema de ocupação de terra.

(4) De um ponto de vista *econômico*, o efeito no casamento com primas cruzadas matrilaterais é que, em contrapartida, a linhagem do cabeça efetua constantemente pagamentos à linhagem do chefe, na forma de pagamento do preço da noiva. De um ponto de vista analítico, o pagamento pode ser visto como um aluguel pago pelo "arrendatário" ao "senhor da terra". A parte mais importante deste pagamento é feita na forma de bens de consumo – ou melhor, em gado. O chefe converte esta riqueza perecível em prestígio imperecível através de festas espetaculares. Os consumidores últimos destes bens são, assim, os produtores originais: os plebeus que comparecem à festa.

Portanto, falando de maneira estrutural, apesar da aparente assimetria do sistema de parentesco, a organização, como um todo, está no equilíbrio político e econômico.

Espero que haja um acordo quanto ao fato de que esta análise feita por mim seja decididamente mais satisfatória do que a apresentada por Lévi-Strauss. Vale a pena apontar onde está a sua superioridade.

A teorização feita originalmente por Hodson e pela Sra. Seligman era deficiente não só devido à inadequação de seus dados empíricos mas também porque eles consideraram o parentesco simplesmente como um sistema em si. Se o esquema de parentesco for considerado sem referência às suas implicações políticas, demográficas e econômicas, ele será inevitavelmente considerado como um sistema fechado. Se não for fechado, não poderá funcionar. Daí a necessidade com que esses primeiros autores aceitavam qualquer evidência etnográfica que parecesse sugerir um arranjo de classes matrimoniais articuladas mecanicamente.

Lévi-Strauss, seguindo a direção apontada por Warner e Granet, deu um grande passo além dessas teorias de "parentesco puro", já que levou em consideração os aspectos de reciprocidade do parentesco. Ele não se contentou em ver o tipo de casamento Kachin simplesmente como uma variante dos sistemas "clássicos" da Austrália; considerou também as implicações do *L'Essai sur le don*. Porém ele enfatiza o significado das prestações como símbolos de relacionamento mais do que como bens econômicos.

Lévi-Strauss (1949, p. 606) argumenta com razão que as implicações estruturais de um casamento podem ser entendidas se o considerarmos como um item em toda uma série de transações entre grupos de parentes. Até aí muito bem. Mas em nenhum dos exemplos que dá em seu livro este princípio é levado suficientemente longe. As reciprocidades das obrigações de parentesco não são meramente símbolos de aliança, são, também, transações econômicas, transações políticas, cartas de direito de domicílio e uso de terra. Nenhum quadro satisfatório de "como um sistema de parentesco funciona" pode ser propiciado sem que sejam considerados simultaneamente estes vários aspectos e implicações da organização de parentesco. Mas Lévi-Strauss supõe que haja apenas "deux formules d'échange réel" (1949, p. 582). Está preocupado apenas em saber se a aliança é diretamente recíproca, o grupo A trocando mulheres com o grupo B (*échange restreint*), ou se é múltipla, vários grupos trocando mulheres em uma teia de relações (*échange généralisé*). O fundamental é que ele não está, na verdade, interessado na natureza e significado das contraprestações que servem como equivalentes das mulheres nos sistemas que discute. Devido a essa limitação do seu enfoque, Lévi-Strauss é levado a atribuir ao sistema Kachin uma instabilidade que este na verdade não possui. A partir daí ele se perde em amplas especulações a respeito da história evolutiva da metade dos sistemas de parentesco da Europa e da Ásia. (1949, pp. 585-90)

Entretanto, embora eu considere muito pouco legítimo tratar o sistema Kachin como se fosse um tipo fundamental em uma longa sequência histórica, acredito que um tipo mais cauteloso de comparação estrutural conduz a resultados bastante iluminadores.

Algumas sociedades comparadas aos Kachin pelo próprio Lévi-Strauss mereciam uma nova análise nas linhas que acabo de dar. Mas, agora, vou me ater em mostrar a relevância das formulações feitas em relação aos Kachin para duas sociedades que Lévi-Strauss absolutamente não considera: os Batak de Sumatra e os Lovedu da África do Sul.

A primeira destas sociedades é algo assim como uma cópia estrutural dos Kachin; a segunda parece, de maneira provocadora e salutar, ter bem o mesmo tipo de estrutura, ao reverso:

Batak[44]

A etnografia dos Batak é muito extensa e tem início no século XVIII. Dos muitos sumários publicados sobre este trabalho, o de LOEB (1935) é o mais extenso. A análise da literatura mostra que se os fatores demográficos e culturais forem ignorados na sua totalidade, o estabelecimento de paralelos puramente estruturais entre as organizações Kachin e Batak demonstrará uma notável proximidade.

---

44. Batak é o nome coletivo para uma população de mais de um milhão de pessoas que residem na área do Lago Toba na Sumatra Norte Central. Embora a literatura divida-os em várias tribos – Toba, Karo, Timor etc, a mesma teia de relações de parentesco parece prevalecer em toda parte. Entretanto, da mesma forma que os Kachin, o "sistema Batak" engloba uma diversidade cultural bastante grande.

A descrição da sociedade Kachin feita na parte anterior deste ensaio foi a descrição de um modelo; eu nada disse sobre cultura, língua, população ou geografia, já que estava preocupado somente com as interrelações estruturais entre os sistemas de parentesco, ocupação da terra, distribuição econômica, classe social e organização política. Se analisarmos a sociedade Batak em termos dessas mesmas dimensões, o padrão que emerge é quase exatamente o mesmo. Não há nenhum aspecto do meu modelo Kachin que não esteja duplicado, ou que não apresente um paralelismo próximo na situação dos Batak.

Ao fazer esta análise dos Batak, tenho por objetivo simplesmente demonstrar que a organização Kachin, da maneira como foi descrita, não é, de modo algum, um sistema anômalo. Assim sendo, meu objetivo será melhor servido relacionando as características estruturais Kachin já mencionadas com os aspectos Batak correspondentes.

Kachin	*Batak*[45]
	Parentesco
Um sistema de patrícias segmentado em linhagens e sublinhagens.	idem (a)

45. Fontes Batak:
  (a) LOEB (1935, p. 46).
  (b) LOEB (1935, p. 47).
  (c) LOEB (1935, p. 47).
  (d) FISCHER (1950); TIDERMAN (1922); LOEB (1935, p. 53).
  (e) LOEB (1935, pp. 39-40).
  (f) HAAR (1948, pp. 206-208).
  (g) COLE (1945, p. 273).
  (h) LOEB (1935, pp. 17-38).
  (i) COLE (1945, p. 273); Joustra (1911, p. 11).
  (j) LOEB (1935, p. 29).
  (k) Esta afirmação parece ser uma inferência legítima de LOEB (1935, p. 43).
  (l) WARNECK (1901, p. 532); LOEB (1935, pp. 58-42).
  (m) LOEB (1935, p. 58).
  (n) LOEB (1935, p. 59).
  (o) LOEB (1935, p. 59).,
  (p) LOEB (1935, p. 55).
  (q) LOEB (1935, p. 40).
  (r) Uma inferência de FISCHER (1950) e WARNER (1901, p. 542); LOEB (1935, p. 61).
  (s) LOEB (1935, p. 53).
  (t) LOEB (1935, p. 39).
  (u) LOEB (1935, p. 42).
  (v) WARNECK (1901).

A linhagem ao nível do grupo local é exogâmica. O patriclã não é.	idem (b)
O sistema é idealizado como sendo o constituído de 5 grandes clãs que intercasam pela regra do casamento com primas-cruzadas matrilaterais.	idem, pelo menos no que concerne aos Batak Karo. (c)
São na verdade as linhagens localizadas que praticam este tipo de casamento, sendo desta forma colocadas em pares de grupos que dão esposas (*mayu*) e grupos que recebem esposas (*dama*).	idem Em Batak: *hulahula* Em Batak: *Anak boru* (d)

Autoridade

idem. Em vez de "aldeia", leia-se "agrupamento de aldeias"; em vez de "distrito" leia-se "domínio"; em vez de *radja*, leia-se *duwa*; em vez de "sib" leia-se "patriclã"; em vez de "família" leia-se "patrilinhagem localizada" ou grupo de descendência local. (Não é o caso de todos os membros masculinos da linhagem de chefia, em um domínio Kachin, chamarem a si mesmos de *duwa*, mas todos são *du bau amyu*, "da espécie de chefia".)	"... o *radja* executivo de uma aldeia é escolhido entre membros de uma certa família elegível... A família na qual o *radja* é escolhido deve ser parte de um *sib* que é chamado de "sib governante"... Entre os Batak Karo os cinco *sibs* principais são encontrados em toda aldeia, embora em todo distrito haja uma determinada que está em maioria e que é geralmente considerada a mais velha da região e também a governante. Independentemente do seu poder e de seus adeptos efetivos, cada membro masculino desse *sib* chama a si mesmo de *radja*..." – Em algumas aldeias há mais *radjas* do que seguidores, (e)

Ocupação da terra

A regra normal de sucessão é através do último gênito, e através do primogênito em algumas áreas.	A regra normal de sucessão é através do primogênito, e através do último gênito em algumas áreas. (f)

As terras de um domínio político são todas "possuídas" pela linhagem do chefe, por direito de conquista ou anterioridade de ocupação.	idem, A linhagem "possuidora" é denominada *namora-mora.* ("original") (g).
O padrão de povoamento é constituído por segmentos homólogos.	idem
Em sua extensão mais ampla, um domínio (*mung*).	Em Batak: *urung*
Compreende vários agrupamentos de aldeias (*mare*).	Em Batak: *hura*
Constituídos de aldeias (*kahtawng*).	Em Batak: *kesain* (h)
As aldeias constituintes (*kahtawng*) são "possuídas" por linhagens que são, localmente, de	idem (i)

status inferior à linhagem do chefe. Aqueles que não são do mesmo clã da linhagem do chefe estão normalmente numa relação de "genro" para com aquela linhagem.

Aluguel e Preço de Noiva

Somente alguéis simbólicos são pagos ao chefe, na forma de carne de animais mortos, trabalho nos campos do chefe, contribuição para a construção da casa do chefe.	idem (j)
O pagamento do preço da noiva de *dama* para *mayu* pode, porém, ser considerado uma forma de aluguel.	idem (k)

Exceto os objetos que têm um valor simbólico, a parte principal do preço da noiva é paga em gado. Eventualmente, o gado é consumido em festas que visam o prestígio. Assim, o gado pela noiva tende a se mover das classes mais baixas para as classes mais altas; mas o consumo é igualado, já que as classes mais altas dão festas maiores e mais frequentes.	O preço da noiva deve ser pago em dinheiro. Mas as classes baixas podem sempre emprestar das classes altas por um sistema de penhora ou escravidão por dívida. Esse sistema é uma forma disfarçada de reembolso de aluguel, já que estas dívidas raramente são pagas em sua totalidade e são canceladas na morte do devedor. (I)

143

Esse tipo ortodoxo de casamento é patrilocal.

idem (m)

Um modo alternativo e mal visto de se conseguir uma esposa é através do trabalho. Um homem trabalha para o grupo doméstico de seu futuro sogro por um número determinado de dias, como pagamento ou parte do pagamento do preço da noiva.

idem (n)

Terminado o seu serviço, ele pode, teoricamente, levar sua esposa para a casa dele. Na prática, ele comumente fica como arrendatário de seu sogro.

Em uma forma especial de casamento denominada *ambil anak*, um homem não paga o preço da noiva, mas mora com seu sogro e cria herdeiros para a linhagem dele (sogro). Se, entretanto, ele pagar o preço de noiva posteriormente – mesmo após a morte do sogro – as crianças (ou algumas delas) tornam-se suas e ele adquire direitos permanentes sobre toda a terra ou sobre parte da terra de seu sogro (o).

Classe Social

As classes geralmente reconhecidas na sociedade Kachin referem-se a linhagem, mais do que a indivíduos. As classes são: classe de chefia (*du baw*), classe aristocrática (*ma gam*), classe plebeia (*darat*), e classe dos antigos escravos (*mayam*).

Segundo a literatura há apenas três classes: nobres, plebeus, escravos. A distinção feita entre "família governante" e "sib governante" sugere que existe, de fato, uma classe adicional, intermediária, que corresponde aos aristocratas Kachin (q).

Os membros masculinos Kachin casam em sua própria classe ou na classe acima.
Os membros femininos Kachin casam em suas próprias classes ou na classe abaixo.

idem (r)

Assim, se há uma diferença de classe entre *mayu* e *dama*, são os *mayu* que têm uma graduação superior aos *dama*.

idem. *Hufahula* tem uma graduação superior a *anak boru*. Se as circunstâncias resultam em que o grupo *hulahula* fique mais pobre que o próprio grupo do Ego, são evitados casamentos posteriores e as relações chegam ao fim (s).

144

Praticamente as diferenças entre as classes sociais são indicadas pela posse de símbolos de prestígio e de direitos sobre terras, mais do que por qualquer diferença significativa nos padrões econômicos. Entretanto, os chefes muitas vezes ficam como ricos, explorando suas especiais oportunidades como comerciantes. Antigamente somente os chefes possuíam escravos.	idem.
Embora os chefes conseguissem alta reputação pela posse de muitos escravos, existiam muitas vantagens econômicas em ser escravo. A escravidão por dívida era um meio de obter crédito econômico e proteção política do chefe[46].	idem (u)
A poliginia é rara e exclusiva dos chefes e aristocratas. É um expediente que visa assegurar a continuidade da linhagem e a manutenção de laços políticos, mais do que um fim em si.	idem (v)

Fica claro, portanto, que os "modelos" ou padrões estruturais das sociedades Kachin e Batak são extremamente semelhantes em quatro grandes campos institucionais: comportamento de parentesco, povoamento, classe social e distinção de bens de consumo. Em ambas as sociedades, o tipo de casamento Kachin manifestado numa relação específica de parentesco entre linhagens relacionadas por afinidade está associado ao mesmo tipo "feudal" de ocupação da terra. Em ambos os casos, o intercasamento de linhagens localizadas e de diferentes classes sociais tem por resultado uma tendência geral para a transferência de riqueza econômica das classes mais baixas para as classes mais altas. Existem, em ambos os casos, mecanismos sociais através dos quais esta

---

46. Cf. o sistema *tefa* Chim descrito por STEVENSON (1943).

riqueza é redistribuída de maneira que a classe baixa não é empobrecida permanentemente.

Como um sistema modelo, este padrão total forma um esquema integrado e não posso considerar como meramente fortuitas estas correspondências entre as duas sociedades tão amplamente separadas.

Lovedu

Como já explicitei, o principal interesse deste meu segundo exemplo está no fato de que, embora a estrutura social Lovedu duplique muitos dos aspectos que encontrei entre os Kachin e os Batak, as implicações destes aspectos reflete às vezes o padrão Kachin ao reverso. Particularmente quando há uma diferença de *status* entre os grupos de descendência locais que dão esposa e os que recebem esposa, parece que são os últimos e não os primeiros que têm um nível superior. Este é, também, sem dúvida, o padrão chinês, mas enquanto que, para estes, a ordem de graduação está relacionada com o pagamento do dote, o sistema Lovedu envolve o pagamento do preço da noiva (Mas veja, pp. 89-90). A seguir, resumo rapidamente a situação Lovedu, para depois discutir esta diferença.

Ignorando cultura, geografia e demografia, limitarei minha descrição sumária a fatores de tipo estrutural. Se este sumário parecer excessivamente despido, deve ser lembrado que no momento minha preocupação é tão somente descobrir o grau de correlação do tipo de casamento Kachin, aqui associado a um sistema segmentar de patrilinhagens e à instituição do preço da noiva, com uma estrutura política de tipo feudal e com uma hierarquia de classes sociais. Os Kriges (KRIGE & KRIGE, 1943, p. 164) não tinham em mente este tipo de análise, ao fazerem seu relato sobre os Lovedu. Embora reconheçam que o "sistema político não é uma coisa à parte, distante do casamento e da estrutura social", falham de fato, ao demonstrar como a sua análise do sistema de casamento pode ser relacionada com a sua análise do sistema político.

Lovedu é uma tribo dos Bantu Meridionais, localizada a nordeste do Transvaal, com aproximadamente 33 000 pessoas vivendo em uma área de 150 milhas quadradas. A seção aristocrática desta população é que constitui propriamente os Lovedu, estando o restante segmentado em várias subtribos de origem estrangeira. Mas todos reconhecem a soberania da Rainha Lovedu (KRIGE & KRIGE, 1943, pp. 13, 14). Os Lovedu e também os estrangeiros (com algumas exceções) praticam sistematicamente o tipo de casamento Kachin.

Toda a sociedade está organizada em um sistema de grupos locais de descendência patrilineares. KRIEGE & KRIGE, 1943, p. 86). O preço da noiva é pago em gado, mas este gado não é bem de consumo (KRIGE, 1939, p. 395)[47]. A não ser em situações anômalas, este gado não é o método principal e nem um método muito mão da noiva. Consequentemente, "a propriedade do gado não é o método principal, e nem um método muito importante de reconhecimento do *status*. Um homem se queixará não por ter gado, mas por não poder fermentar cerveja para manter seu prestígio" (KRIGE & KRIGE, 1943, p. 43). Por outro lado, enquanto entre os Batak a poliginia é algo assim como uma anormalidade, entre os Lovedu ela é não só fortemente aprovada como também parece ser uma norma estatística[48].

O objetivo da política matrimonial parece ser a construção de uma aldeia de muitas cabanas cuja reputação advém da realização de frequentes e generosas festas de cerveja. A poliginia é um meio para este fim.

Os Kriges não fazem referências diretas às discussões teóricas anteriores referentes ao tipo de casamento Kachin, mas interpretam, porém, seu sistema de casamento como circular. Seu modelo ideal compreende 6 grupos locais de descendência que casam em círculo, as noivas indo por uma

---

47. Caprinos, por outro lado, são abatidos livremente para serem consumidos.

48. Os Kriges descobriram que 35% dos homens tinham mais de uma esposa e que a proporção de mulheres casadas para homens casados era de 156:100. Eles argumentam que o costume de poliginia provoca uma escassez de primas-cruzadas adequadas para o homem e que esta é a razão pela qual a regra de casamento é assimétrica. A argumentação não parece ser válida. (KRIGE, 1939, pp. 411-412).

direção e o gado pela outra. (KRIGE & KRIGE, 1943, pp. 66-145). Os autores reconhecem que este modelo é uma simplificação daquilo que ocorre realmente, e também que as irregularidades verificadas na prática devem causar "pressões e tensões sociais". Mas aparentemente supõem que estas irregularidades se anulam (*Krige*, 1939, p. 411 e ss.). Parece certo que eles não têm nenhuma dúvida quanto à conclusão de Lévi-Strauss de que quando tais sistemas não conseguem ser circulares diferenças de classes tendem a se desenvolver. No entanto, os Lovedu têm uma sociedade com estratificação de classes, e vários dos casos mencionados pelos KRIGES (1939, pp. 413-16), em conexão com relações matrimoniais tensas, são concernentes aos assuntos matrimoniais dos cabeças de aldeias. Em cada um dos casos, parece que a esposa do cabeça e os irmãos dela começam por ser de *status* inferior ao do próprio cabeça.

A relação específica de dar esposa/receber esposa entre dois grupos de descendência locais que se intercasam é denominada *vamakhlu/vaduhulu* pelos Lovedu (*mayu-dama* para os Kachin, *hulahula-anak boru* para os Batak). É contínua a troca de presentes entre os dois grupos de tal tipo. Os *vaduhulu* recebem mulheres e oferendas de cerveja – com frequência em grande quantidade – e, em troca, contribui com gado e vários tipos de assistência, inclusive carne de caprino (KRIGE & KRIGE, 1943, pp. 27-63-77). Os Kriges parecem argumentar que estas trocas são exatamente equivalentes e acentuam que os dois grupos têm o mesmo nível (1943, p. 149). Entretanto, em outros contextos, os Kriges enfatizam que a irmã por meio de quem um homem recebe gado para fazer o pagamento do preço da noiva e adquirir uma esposa para si mesmo tem um nível maior do que o dele na hierarquia social (1943, p. 101). Observam ainda que um presente em mulheres é o modo socialmente conhecido de oferecer tributo a um superior político (1943, p. 95) e também que a oferenda de cerveja é tipicamente um gesto de honra e uma forma aprovada de tributo (1943, pp. 18, 63, 287-288).

Minha sugestão é que temos aqui um tipo de estrutura Kachin em reverso. Sem dúvida, tanto entre os Lovedu, como entre os Kachin, a maioria dos casamentos é feita entre grupos de descendência locais de *status* igual; mas admito a possibilidade que na situação Lovedu, sempre que os grupos de parentesco forem de *status* diferentes, há uma tendência muito forte para que o grupo que recebe esposas tenha um nível mais alto. Assim uma mulher casada pertence a um grupo local de maior nível do que o do irmão ligado a ela pelo gado e, em consequência disto, ela recebe símbolos de honra do grupo doméstico dele. Esta ordem inversa de anterioridade está relacionada com o fato de que o valor maior da sociedade Lovedu é a aquisição de mulheres adicionais e não a aquisição de gado adicional.

Se esta hipótese for aceita, muito daquilo que no relato dos Kriges é um tanto bizarro e anômalo passará a ser estruturalmente significativo: ao mesmo tempo, tornar-se-á claro que há importantes lacunas nas informações por eles fornecidas.

O domínio político total da Rainha Lovedu é subdividido em um certo número de distritos, cada qual com seu próprio cabeça. A chefia de um distrito é, em teoria, hereditária, embora a sucessão esteja sujeita à "manipulação" pelo poder central. A própria Rainha é uma personagem social anômala, pois embora fisiologicamente ela seja feminina, sociologicamente é masculina. Seus dependentes tributários – ou seja, os cabeças de distritos e os chefes forasteiros "marginais" que desejam usufruir da magia da chuva da Rainha – pagam-lhe tributo na forma de esposas (Krige & Krige, 1943, pp. 173-74). Dos "forasteiros", a Rainha aceita estas mulheres como presentes sem reciprocidade; para os cabeças de distritos da área Lovedu principal, a Rainha efetua, em troca, pagamentos em gado na forma de preço de noiva. Assim, em relação aos chefes "forasteiros", a Rainha tem uma espécie de relação senhor/servo; em relação aos cabeças de distrito, ela está numa relação de *vaduhulu* (que recebe esposas).

Após um período na Corte, as "esposas" da Rainha (*vatanomi*) são redistribuídas como esposas de fato para outros cabeças de distrito e para funcionários de alta graduação da Corte Lovedu. O novo esposo não paga preço de noiva nem para a Rainha, nem para os pais originais da noiva, mas ele tem a obrigação efetiva de dar uma filha de sua noiva para a Rainha, na condição de uma nova esposa *vatanomi*. Por outro lado, embora não tenha pago nenhum preço de noiva, o novo esposo passa a ser considerado na condição de *vaduhu-*

lu para com o grupo de descendência local do qual a noiva é originária (KRIGE & KRIGE, 1943, p. 98).

À primeira vista há um forte paradoxo neste relato. Porque a rainha deveria pagar em gado por suas esposas, e depois distribuí-las sem receber gado em troca? A resposta, puramente estrutural, parece ser que, neste segundo caso, o presente é recompensado não em gado, mas na pessoa da filha da mulher. Mas se perguntarmos porque isto deve ser assim, os Kriges não terão resposta. Sugiro que do ponto de vista Lovedu, na lógica da situação, não é próprio que um inferior dê gado para um superior. A atitude adequada para com pessoas de maior categoria social é dar mulheres e cerveja; *vaduhulu* é de uma categoria superior a *vamakhulu*.

Se assim for, então o complicado assunto das esposas da Rainha terá um sentido político. Podemos constatar isto representando a situação por um diagrama similar aos já feitos na parte inicial deste ensaio.

Na Fig. 14 as linhas A, B, C representam os grupos de descendência locais de três cabeças, A_1, B_1, C_1. C_1 é um cabeça "forasteiro"; A_I e B_I são cabeças dos distritos Lovedu no sentido descrito anteriormente. X é um nobre Lovedu, parente da Rainha.

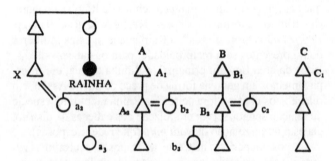

Fig. 14 Princípios da Estrutura Política Lovedu (Vide texto para explicações).

Na primeira fase do procedimento *vatanoni*, A_1, B_1, C_1, dão suas filhas a_2, b_2, c_2, para a Rainha como tributo (*hu lova*). A Rainha aceita c_2 simplesmente como tributo, por a_2 e b_2 ela paga o preço da noiva em gado. Estas três mulheres passam então um período de tempo na Corte, na condição de "esposas" da Rainha. Posteriormente elas são redistribuídas como esposas de fato, a critério da Rainha. Suponhamos que C_2 é dada para o grupo B, b_2 para o grupo A e a_2 para o nobre X. Desta maneira a Rainha estabelece uma hierarquia de precedência, pois agora o grupo B é *vaduhulu* para o grupo C, o grupo A é *vaduhulu* para o grupo B e X é *vaduhulu* para o grupo A. Além do mais, a própria Rainha está no *status* de "irmã ligada pelo gado em relação ao nobre X (seu parente). Assim, R, X, A, B, C estão numa ordem hierárquica na qual R ocupa a posição superior. Em adição, a Rainha é individualmente superior a X na condição de "irmã ligada pelo gado", é superior a A_2 e B_2 na condição de *vaduhulu*, e superior a C na condição de senhor, a quem C deve tributo.

A seu tempo, a_3 e b_3 serão destinadas à Rainha como esposas tributo, e o processo se repete.

O esquema diagramado corresponde muito proximamente à hierarquia política vigente descrita pelos Kriges, embora o padrão real Lovedu apresente uma complicação adicional.

Entre os dependentes da Rainha Lovedu existem certos grupos Shangana-Tonga, considerados como de baixa casta pelos Lovedu, com os quais o casamento é teoricamente proibido. A Rainha aceita tributos na forma de esposas, também, destes grupos. Mas tais mulheres são redistribuídas entre os nobres não como esposas, mas como filhas, transformando-se posteriormente em esposas de plebeus Lovedu. Os Kriges não informam se há transferência de gado envolvida nestes casamentos, não fica claro se é estabelecida ou não uma relação do tipo *vaduhulu/vamakhulu* por meio deles; mas o que fica claro é que os Shangana-Tonga são mantidos, por uma ficção, completamente fora da estrutura de parentesco.

Penso que esta análise tornou claro que a relação íntima e intrincada entre a hierarquia de graduação e a prática do tipo de casamento Kachin (que no relato dos Kriges emerge como uma espécie de paradoxo, já que sustentam que os que dão esposa e os que recebem esposa deveriam ser de *status* iguais) é de fato básica para todo o esquema de integração política, e está totalmente integrada no sistema global de valores da sociedade Lovedu.

Mesmo assim, ficamos sem explicações para importantes elementos da estrutura econômica. Neste esquema, a Rainha está eternamente pagando preços de noiva, mas está, aparentemente, desprovida de qualquer fonte da qual o gado possa ser adquirido. Neste ponto os Kriges deixaram-nos sem nenhuma informação[49].

O conteúdo das prestações

Qual é, então, o significado desse material Lovedu para nossa argumentação geral?

Creio que é necessário reexaminar atentamente qual o significado da noção proposta por Granet e Lévi-Strauss, de que no tipo de casamento Kachin temos uma troca regular de mulheres por "prestações". O que são estas "prestações"? Embora Lévi-Strauss utilize esta palavra, ele não examina cuidadosamente, ao que consta, a natureza dessa categoria. No entanto, ficou claro ao longo deste ensaio que as "prestações" em um tipo de casamento Kachin podem, não só ter uma variedade de formas, como podem, também, ter muitas funções estruturais, bastante diferentes.

Consideremos, por exemplo, o caso de dois grupos de descendência locais ligados por uma relação de "dar esposa" / "receber esposa", e suponhamos que um destes tem um *status* superior ao do outro. Então quais são as prestações que passam de um grupo para o outro em quatro contextos: Kachin, Batak, Lovedu, China? A resposta é dada brevemente no quadro III.

Esta lista não é inteiramente completa mas ilustra o argumento. Em qualquer sistema semelhante de reciprocidades supõe-se que, antes de tudo, tanto o grupo inferior, quanto o grupo superior, estão satisfeitos com suas transações e que, portanto, a troca é "balanceada".

---

49. As únicas pessoas que dão gado para a Rainha, segundo o relato dos Krige, são pessoas de *status* igual ao da própria Rainha – por exemplo, os antigos reis Zulu e Pedi (KRIGE e KRIGE, 1943, p. 10).

Quadro III

Variedade de "prestação"	Status do grupo que recebe			
	Kachin	Batak	Lovedu	China
a. mulher	inferior	inferior	superior	superior
b. trabalho de homens	superior	superior		
trabalho de mulheres			superior	superior
c. bens de consumo –				
cerveja	(†)		superior	
carne	superior		inferior	
gado	superior		(*)	
dinheiro		superior		(†)
d. bens que não são de consumo –				
gado ritual			inf. (*)	
joias	(†)	?		(†)
objetos rituais	(†)			
e. direitos territoriais	inferior	inferior	inferior	
proteção política	inferior	inferior	inferior	inferior
f. "prestígio", "aparência", "honra"	superior	superior	superior	superior

(*) Entre os Lovedu o gado deve ser considerado como um bem que não é de consumo.

(†) Nestes casos, objetos similares são presenteados tanto de inferior para superior quanto de superior para inferior, de acordo com as circunstâncias.

Mas não podemos prever, a partir dos primeiros princípios, como esse equilíbrio será atingido, pois não podemos saber como as diferentes categorias de "prestação" serão avaliadas em uma sociedade particular qualquer. Um chinês, na ânsia de garantir o suporte de um genro influente, pagará generosamente por este privilégio; um Kachin na mesma situação paga para adquirir um sogro influente. Ambos são, certamente, sistemas de trocas; mas só podemos entendê-los se avaliarmos cuidadosamente quais são as categorias do que efetivamente se troca. Em qualquer análise deste tipo é muito importante distinguir entre materiais consumíveis e materiais não consumíveis; como também é importante considerar que do inventário completo das "coisas" trocadas fazem parte elementos pouco tangíveis como "direitos" e "prestígio".

IV. Conclusão

O que, então, pode ser inferido das discussões empíricas da primeira metade deste ensaio e das três rápidas análises estruturais apresentadas na segunda?

1. Uma retomada da literatura mostrou que, se ignorarmos algumas reconstruções históricas bastante hipotéticas, a "explicação" mais popular do tipo de casamento Kachin é vê-lo como a marca de autenticidade de um tipo de sistema estrutural imaginário no qual as "classes matrimoniais" casam em círculo. Radcliffe-Brown demonstrou que esta análise não é válida para os Murngin; demonstrei que para os Kachin ela também não é válida.

2. Dois grandes erros estão envolvidos no argumento da "classe matrimonial". O primeiro é a suposição de que os grupos colocados como pares na relação de "dar esposa"/ "receber esposa" pela regra de casamento são os segmentos maiores da sociedade. Em todos os casos examinados de perto estes grupos são, de fato, grupos de descendência locais domiciliados na mesma comunidade ou em comunidades vizinhas. O segundo erro é a suposição de que o sistema de casamento constitui um sistema fechado em si mesmo. Como vimos, o tipo de casamento Kachin só pode ser entendido se for considerado como um tipo entre muitos outros possíveis, através do qual tem continuidade o relacionamento entre dois grupos de descendência locais colocados como pares.

3. Apesar da estimulante qualidade do argumento de Lévi-Strauss, sua proposição principal está de trás para diante. Ele argumenta que a característica fundamental do tipo de casamento Kachin é seu igualitarismo: mulheres devem ser trocadas por bens, numa espécie de preço fixo baseado no equilíbrio. Percebe que existirão de fato diferenças de preço e diferenças de *status*, mas considera isto como a quebra do sistema e, portanto, como um mecanismo no processo geral da evolução social. Meu próprio argumento é quase o contrário deste. No que concerne ao casamento, as relações de *status* entre o grupo A e o grupo B devem ser tomadas como

fatores dados dentro da situação; um casamento é apenas uma entre muitas maneiras possíveis de "expressar" tais relações.

4. Quando dois grupos de descendência A e B estão em relação, as "coisas" que podem ser trocadas para expressar este relacionamento podem ser, grosseiramente, categorizadas como se segue:

I. *Tangíveis*
    a – "mulheres" e "homens"[50]
    b – trabalho de homens e mulheres
    c – dinheiro e bens de consumo
    d – bens de capital
    e – objetos rituais sem valor intrínseco.

II. *Intangíveis*
    f – "direitos" de natureza política e territorial,
    g – *status* ou "prestígio" relativo.

O último item só pode ser definido em termos da situação cultural; é simplesmente "aquela espécie de reputação com a qual um homem ganha a admiração de seus companheiros"; pode ser conseguida através de assassinato em uma sociedade, filantropia numa segunda, santidade numa terceira.

Em todo relacionamento, entre indivíduos e entre grupos, são trocados itens da lista acima. É da natureza da maioria de tais "trocas" que, no que se refere aos itens tangíveis a, b, c, d, haja um desequilíbrio de um lado ou de outro. A conta da troca é equilibrada pelos itens intangíveis *f* e *g*.

Se este argumento for admissível, então o papel da mulher no sistema global de trocas não poderá ser descoberto a partir dos primeiros princípios.

---

50. Na maior parte deste ensaio referi-me à troca de mulheres através do casamento como se elas fossem bens móveis. Sem dúvida, isto é uma simplificação muito grande. Na maioria das sociedades, a consequência das trocas de casamento está relacionada com a validação do *status* da descendência da mulher. Pode-se dizer, em relação às sociedades patrilineares, que o grupo do marido "compra" a descendência da mulher do grupo da esposa. Existem igualmente casos em que o grupo da esposa retém a descendência e "compra" os serviços sexuais do marido do grupo deste. Isto é o que ocorre, por exemplo, entre os Minangkabau, que são matrilineares e matrilocais e, também, na forma de casamento *ambil anak* já mencionada.

155

Hodson, Murdock e outros entusiastas da "classe matrimonial" erram ao supor que, numa troca matrimonial, o equivalente de uma mulher seja sempre outra mulher. Lévi-Strauss argumenta que o equivalente de uma mulher pode ser também objetos simbólicos, bens ou trabalho; mas ele percebe, muito menos claramente, que fatores intangíveis tais como direitos ou reputação podem tomar parte nesta troca sem prejuízo para o sistema. O fato de que os chineses que praticam o tipo de casamento Kachin pagam dote e não preço da noiva, enquanto seus vizinhos Kachin pagam o preço da noiva e não o dote, é um fato crucial do qual a teoria de Lévi-Strauss não toma conhecimento.

O que pode ser dito do lado positivo? Sugiro que as seguintes proposições mínimas são passíveis de serem testadas empiricamente no campo.

1. Com o tipo de casamento Kachin, há uma assimetria na relação entre os grupos que dão esposa e os que recebem esposa; assim, é mais provável do que improvável que exista uma diferenciação de *status* de um modo ou de outro. Tal diferenciação pode ser evitada se um pequeno número de grupos de descendência locais vizinhos casarem em círculo, ou se houver um sistema equilibrado de direitos e obrigações – como entre os Murngin; mas tais sistemas de equilíbrio, quaisquer que sejam, serão instáveis.

2. Se há uma desigualdade de *status* entre os que dão esposa e os que recebem esposa, não se pode prever, a partir dos primeiros princípios, qual deles é superior. É provável, entretanto, que essa posição seja consistente em qualquer situação cultural. Não se pode esperar que todos os que dão esposa sejam superiores em uma aldeia, enquanto na aldeia seguinte todos os que recebem esposa sejam os superiores.

3. As relações de *status* entre os que dão esposas e os que as recebem devem estar de acordo com as relações de *status* implícitas em outras instituições (que não sejam de parentesco), ou seja, onde os que dão esposas são socialmente superiores aos que recebem, pode-se esperar que os direitos políticos e territoriais dos que dão esposas sejam superiores etc. – e *vice-versa*. Em outras palavras, onde

ocorre o tipo de casamento Kachin, ele faz parte da estrutura *política.*

4. Parece provável que um preço de noiva custoso *em termos de bens de consumo e trabalho* implique na superioridade dos que dão esposas em relação aos que as recebem. Por outro lado, um dote *expresso em bens de consumo* implica em que os que dão esposas são inferiores aos que as recebem. Provavelmente um preço de noiva constituído por objetos de valor simbólico e ritual ocorre quando se relacionam grupos de *status* altos e iguais. A falta de pagamento em trabalho, de dote ou de preço de noiva sugere uma ruptura na instituição de casamento do tipo Kachin.

5. Em todas as sociedades consideradas – Murngin, Kachin, Batak, Lovedu, é marcante que as características usuais da organização tribal não estejam presentes. A teia de relações de parentesco engloba um grande número de grupos locais e junta-os em um tipo de sistema político bastante frouxo; mas ao longo dessa população assim ligada não existe nenhum sentido forte de solidariedade social, e em alguns casos há mesmo grandes diferenças de língua e cultura entre as diferentes partes do sistema global.

Deve-se esperar que esta característica esteja normalmente associada com os sistemas de casamento do tipo Kachin, já que as relações assimétricas entre os que dão esposas e os que as recebem tendem sempre a levar as ramificações do sistema para limites cada vez mais amplos. Toda essa estrutura apresenta, de fato, semelhanças bastante próximas à organização feudal da Europa Medieval, a qual, do mesmo modo, unia em um mesmo sistema político várias comunidades culturalmente divergentes – embora seja admitido que a integração de tal sistema fosse extremamente fraca, na melhor das hipóteses.

Não sustento, como Lévi-Strauss parece fazer, que a origem das estruturas feudais deva ser encontrada na ruptura dos sistemas de casamento do tipo Kachin; mas parece ser o caso de que os sistemas de casamento do tipo Kachin correlacionam-se muito bem com estruturas políticas um tanto feudais.

Esta série de correlações hipotéticas com o tipo de casamento Kachin parece ser adequada para todos os casos examinados neste ensaio, e, tanto quanto a etnografia permite que se julgue, para todas as outras sociedades do tipo Kachin, tais como a Gilyak, a Lakher e a Velha Kuki, as quais foram comentadas por Lévi-Strauss. Além do mais, isto é feito sem reformar os fatos para ajustá-los a uma teoria da evolução social de âmbito mundial – e uma afirmação como esta, dificilmente pode ser feita em relação a alguns dos argumentos de Lévi-Strauss.

Num campo mais geral, sugiro que o conceito de grupo de descendência local desenvolvido no começo deste ensaio pode ter importantes implicações analíticas em muitos casos onde falte precisão para o conceito puro de descendência, de "linhagem". Além disso, os argumentos que foram propostos aqui a respeito da relevância dos conceitos de *status* para a análise do dote e do pagamento do preço da noiva têm relevância mesmo fora do contexto imediato do tipo de casamento Kachin.

Finalmente, emerge desta discussão um importante princípio de método. Se os antropólogos devem chegar a qualquer princípio válido de organização social, o método geral deve ser comparativo. Mas o método comparativo original, exemplificado em sua forma mais esmagadora pelo trabalho de Frazer, baseava-se na comparação de traços culturais. Com o impacto do funcionalismo, que insistia na análise de sistemas culturais em sua totalidade, este tipo de método comparativo entrou em declínio simplesmente pelo fato de que ele parecia ser impraticável, já que o conjunto de dados envolvidos numa comparação adequada era demasiadamente vasto.

Entretanto, desde 1930 Radcliffe-Brown e seus seguidores conseguiram algum sucesso na aplicação de um tipo diferente de comparação, ou seja, a comparação de sistemas políticos. Em um método comparativo deste último tipo, os aspectos culturais são bastante ignorados, e as "coisas" comparadas são na verdade modelos simplificados das sociedades estudadas, observadas de um ponto de vista particular. Na prática, o "ponto de vista particular" tem sido o do parentesco, e por isso as generalizações resultantes são passíveis de serem distorcidas, apesar do grande valor de obras

158

como *Social Organization of Australian Tribes*, *Social Anthropology of American Tribes*, *African Political Systems*.

Meu próprio argumento, no qual em grande parte sigo Lévi-Strauss, é que a comparação de modelos, mais do que a comparação de culturas como um todo, é um método válido e necessário. Na verdade, eu iria mais além em tais abstrações do que tem sido os seguidores de Radcliffe-Brown. Mas ao mesmo tempo eu insistiria em que a comparação deve sempre levar em conta toda a amplitude das dimensões institucionais com as quais o antropólogo normalmente tem de lidar. O antropólogo deve partir de uma realidade completa – um grupo local de pessoas – mais do que de uma realidade abstrata, tal como o conceito de linhagem ou a noção de um sistema de parentesco.

O conteúdo deste ensaio deve deixar claro que sustento este ponto de vista. Ele também fornece uma ilustração excelente de como as comparações baseadas somente na análise da dimensão do parentesco são passíveis de serem enganadoras.

POLIANDRIA, HERANÇA E DEFINIÇÃO DE CASAMENTO: COM REFERÊNCIA PARTICULAR AO DIREITO CONSUETUDINÁRIO CINGALÊS

Nota Introdutória

Como está indicado no parágrafo inicial, este ensaio surgiu como um comentário a respeito da conferência do Príncipe Peter publicado na mesma edição de *Man* e seu tema é, simplesmente, a definição de casamento como "um pacote de direitos" (para usar a frase de Maine); consequentemente, todas as definições universais de casamento são vãs. GOUGH (1959) procurou repudiar este ponto de vista.

Desde a publicação original deste ensaio, um importante material relativo à teoria geral do casamento dos habitantes do sul da Índia foi publicado por Dumont (DUMONT, 1957 a e b); partes de um ensaio de YALMAN (1960, 94-99) são também bastante relevantes.

A poliandria tem sido um tópico importante da discussão antropológica por quase um século; apesar disto, a definição do conceito permanece altamente insatisfatória[1]. Isto é suficientemente indicado pelo fato de FISCHER (1952) sustentar que não existe a poliandria adélfica, considerada como uma forma de poligamia, enquanto S.A.R. o PRÍNCIPE PETER da Grécia e Dinamarca (1955), ignorando Fischer, continua a discutir a poliandria adélfica como uma espécie de poligamia.

De início o tópico parece simples, com a lógica totalmente do lado de Fischer. A definição de casamento em *Notes and Queries* (1951) é: "Casamento é uma união entre um homem e uma mulher, de tal forma que as crianças nascidas da mulher sejam reconhecidas como descendentes legítimas de ambos". Mas, certamente, em muitos casos de poliandria o *status* legal dos filhos é semelhante ao descrito por César em relação aos antigos bretões (FISCHER, 1952, p. 114): "As esposas são compartilhadas entre grupos de dez ou doze homens, especialmente entre irmãos e entre pais e filhos; mas os frutos destas uniões são considerados como filhos daqueles a quem tivessem conduzido a moça primeiro". Esta não é, claramente, uma condição de poligamia; as crianças têm apenas um pai legal e a mulher tem apenas um marido legal. Aos outros "maridos" o acesso sexual à mulher é tolerado, mas ela não é casada com eles nos termos colocados na definição de *Notes and Queries*. A situação é a de união plural, ou, como Fischer chamaria, "policoito".

Mais especificamente, Fischer argumenta que devemos reservar o conceito de poligamia para situações nas quais o esposo polígamo passa por uma sucessão de ritos matrimoniais com cônjuges diversos. Na poliandria adélfica, "a mulher não contrai diferentes casamentos sucessivos; não há razão para isto, desde que a posição social de seus filhos está completamente garantida pelo fato dela ser casada". (FISCHER, 1952, p. 114).

Fischer concorda que uma instituição de poligamia poliândrica seja possível. Por exemplo, uma mulher poderia estar unida a vários homens, de tal modo que cada um deles

---

1. Este estudo está baseado, em parte, no trabalho de campo efetuado no Ceilão em 1954 com a ajuda de um prêmio de pesquisa Leverhulme e uma bolsa de estudos da Wenner-Gren Foundation.

assumisse, respectivamente, o papel de pai social em relação aos filhos sucessivos dela. Isto parece muito próximo ao estado de coisas existente entre os Todas, e Fischer admite que o mesmo "se aproxima bastante do que ocorre na poligamia". De acordo com Fischer a instituição do casamento secundário, como foi descrito por Smith, também se constitui em poligamia poliândrica. Em ambos estes casos toda criança tem um e apenas um pai social claramente definido.

Mas, há, na verdade, tanta certeza de que o papel de pai social não possa ser investido simultaneamente por vários indivíduos diferentes? Não será possível que em algumas sociedades a paternidade social não seja, de forma alguma, um atributo de indivíduos, mas sim de uma corporação coletiva, a qual pode incluir vários irmãos e mesmo pais e filhos?

Quando RADCLIFFE-BROWN (1941) argumentou que a poliandria adélfica deve ser "interpretada à luz do princípio estrutural da solidariedade do grupo fraterno", ele talvez tivesse em mente que a paternidade social pudesse estar, algumas vezes, investida por uma corporação coletiva desta espécie. O Príncipe Peter pretendeu demonstrar que é este de fato o caso. Isto significa que a noção de casamento grupal tornou-se respeitável mais uma vez?

Há, certamente, um caso bem documentado de "poliandria corporada" desta espécie, a saber, o dos Iravas (AIYAPPAN, 1945, pp. 98-103). Embora Aiyappan afirme que por ocasião de um casamento "a prática comum é que o irmão velho vá sozinho à casa da noiva para buscá-la", fica claro, com base nos detalhes suplementares que ele dá, que o irmão mais velho está aqui atuando como o representante do grupo de irmãos considerado como uma corporação. Mesmo assim, não está inteiramente claro quais são os direitos que esta corporação possui. A tese de Aiyappan é que *todos* os direitos maritais estão totalmente fundidos na corporação – que os direitos sexuais dos maridos individuais e os direitos de propriedade dos filhos individuais são igualmente indistinguíveis. Entretanto, evidências mais detalhadas sobre estes pontos seriam bem-vindas.

Há um outro modo de encarar o problema. Ao invés de argumentarmos, pedantemente, se a poliandria adélfica constitui ou não um casamento plural, vejamos se a definição de

163

casamento, apenas em termos de legitimidade, é de algum modo adequada (*Notes and Queries*, p. III; FISCHER, p. 108). Há outras definições de casamento com respaldos respeitáveis, tais como: "uma união física, legal e moral entre um homem e uma mulher em completa comunidade de vida para o estabelecimento de uma família" (RANASINHA, 1950, p. 192). Será a definição de *Notes and Queries* uma pergunta menos questionável do que esta? Por exemplo, qual será realmente a conotação da frase "descendência legítima"?

O Príncipe Peter, na conferência em discussão, parecia supor que das várias formas de relacionamento heterossexual reconhecidas e toleradas em qualquer sociedade, há sempre uma que pode ser realmente descrita como "casamento" no sentido antropológico. Todavia, se aderirmos rigidamente à nossa definição de *Notes and Queries*, este não será o caso.

Assim, tradicionalmente entre os Nayar matrilineares da Índia do Sul (GOUGH, 1952 e 1955), uma mulher tinha um marido ritual em sua linhagem *enangar* e também vários "amantes reconhecidos" (*sambandham*), que careciam de *status* ritual; mas todos estes homens eram excluídos de quaisquer direitos legais com respeito aos filhos da mulher. Portanto, não havia no caso casamento no sentido exato da palavra mas apenas um "relacionamento de afinidade perpétua" entre linhagens ligadas (GOUGH, 1955). Os filhos da mulher, como quer que fossem gerados, eram simplesmente novos membros para a própria matrilinhagem da mulher.

Todavia, como Gough demonstrou, mesmo neste sistema, certos *elementos* de uma instituição normal de casamento estão presentes.

A noção de paternidade está ausente. Para *todos* os amantes da mãe a criança emprega um termo que significa "senhor" ou "líder", mas o uso deste termo não traz em si nenhuma conotação de paternidade, seja legal ou biológica. Por outro lado, a noção de afinidade está presente, como evidenciada pelo fato de que a mulher deve observar a polução no ritual da morte de seu marido (GOUGH, 1955).

Ambos, GOUGH (1952) e Príncipe Peter, descreveram os Nayar como tendo um sistema de casamento poliândrico. Não quero insistir em que este termo esteja errado, mas precisamos deixar claro que *se* concordarmos que os Nayar praticam o casamento poliândrico, então estamos usando o termo "casamento" num sentido diferente daquele que foi empregado por Fischer e por *Notes and Queries*.

Meu ponto de vista pessoal é que a definição de casamento de *Notes and Queries* é muito limitada e é desejável incluir sob a categoria "casamento" vários subtipos distintos da instituição.

As instituições comumente classificadas como casamento ocupam-se da alocação de um número de classes de direitos distinguíveis. O casamento pode servir em particular:

A. Para estabelecer o pai legal dos filhos de uma mulher.

B. Para estabelecer a mãe legal dos filhos de um homem.

C. Para dar ao marido um monopólio da sexualidade da esposa[2].

D. Para dar à mulher um monopólio da sexualidade do marido.

E. Para dar ao marido direitos parciais ou monopolísticos sobre os serviços domésticos e outros serviços em termos de trabalho da esposa.

F. Para dar à mulher direitos parciais ou monopolísticos sobre os serviços do marido em forma de trabalho.

G. Para dar ao marido direitos parciais ou totais sobre a propriedade pertencente ou potencial da esposa.

H. Para dar à mulher direitos parciais ou totais sobre a propriedade pertencente ou potencial do marido.

I. Para estabelecer um fundo comum de propriedade – uma sociedade – para o benefício dos filhos do matrimônio.

J. Para estabelecer um "relacionamento de afinidade" socialmente significativo entre o marido e os irmãos de sua mulher.

Pode-se talvez estender esta lista consideravelmente, mas o que quero ressaltar é que em nenhuma sociedade o casamento pode servir para estabelecer simultaneamente todos estes tipos de direito; nem há nenhum destes direitos que seja invariavelmente estabelecido pelo casamento em todas as sociedades conhecidas. Precisamos, então, reconhecer que as instituições comumente descritas como casamento não têm todas os mesmos concomitantes legais e sociais.

---

2. Uso o termo "monopólio" intencionalmente. Acho que o direito C deva ser considerado como um controle monopolista sobre a utilização da sexualidade da esposa mais do que um direito exclusivo de usá-la. Para uma discussão da poliandria adélfica esta distinção é importante.

Se tentarmos uma tipologia de casamento nestas linhas, fica imediatamente óbvio que a natureza desta instituição está parcialmente correlacionada com princípios de descendência e regras de residência. Deste modo, numa sociedade estruturada em linhagens patrilineares e patrilocais, comumente constatamos que o direito A é de longe o elemento mais importante, ao passo que entre os Nayar, matrilineares e matrilocais, como vimos, o direito J é, absolutamente, a única característica de casamento existente. Ou ainda, na estrutura matrilinear virilocal dos Trobriand, o direito G, apesar de não ser propriamente único, assume uma importância preponderante, na forma do *urigubu* (MALINOWSKI, 1932a, pp. 69-75).

Embora os primeiros a escreverem sobre poliandria (p.ex. MC-LENNAN, 1865) supusessem que ela fosse uma instituição estritamente associada à matrilinearidade, o Príncipe Peter ressaltou que os casos melhor definidos de poliandria adélfica ocorrem em sociedades com ideais patrilineares expressos. Isto era verdadeiro para os Kandyan do Ceilão (D'OYLY, 1929); é verdadeiro para os Iravas patrilineares de Madras (AIYAPPAN, 1945) e para os tibetanos (BELL, 1928, p. 88). Mas é também o caso de que nestas sociedades a patrilinearidade é de um tipo ambíguo e um tanto incerto. A situação em cada caso é que, embora as pessoas interessadas professem uma preferência pelo casamento patrilocal e pela herança da propriedade de terras apenas através dos homens, o casamento matrilocal e a herança através das mulheres não é, em absoluto, incomum. (AIYAPPAN, 1945; LI AN-CHE, 1947; D'OYLY, 1929, p. 110). Além disso, apesar das mulheres que casam patrilocalmente abandonarem suas reivindicações sobre sua própria terra ancestral, elas recebem, em contrapartida, um dote em bens móveis.

Este aspecto da poliandria adélfica, ou seja, o aspecto de sua associação íntima à instituição do dote, recebeu até agora uma atenção inadequada. Em sistemas patrilineares do tipo mais extremo, *todos* os direitos significativos de propriedade revestem os homens de tal maneira que, do ponto de vista da herança, o casamento não faz mais do que estabelecer os direitos dos filhos de uma mulher na proprie-

166

dade de seu marido (direito A, acima). A fissão da herança patrimonial do grupo ocorre naturalmente, e quando ocorre é muito provável que casamentos individuais sejam citados (retrospectivamente) como uma justificativa de tal divisão; o modelo dado por FORTES (1945, p. 199) é típico neste sentido. Ainda em tais casos, o casamento, como tal, não cria um patrimônio divisível independente.

Mas, quando a propriedade em terra e bens vendáveis está investida tanto na mulher quanto no homem, prevalece um estado de coisas muito diferente; pois, então, cada casamento estabelece uma parcela distinta de direitos de propriedade e os filhos de um dado casamento têm necessariamente uma herança total potencial, diferente da dos filhos de qualquer outro casamento.

Os sistemas de herança em que homens e mulheres têm, ambos, atribuição de dote, são muito gerais no sul da Índia, Ceilão e por todo o sudeste da Ásia. Tais sistemas são encontrados em associações com as estruturas de descendência patrilineares, matrilineares e cognáticas. O padrão geral é que a família nuclear, como uma unidade, possui três categorias de propriedade, que são: a herança vinculada do pai, a herança vinculada da mãe e a "propriedade adquirida" – isto é, a propriedade possuída conjuntamente pelos pais em virtude de suas operações como parceiros de negócios durante o período de casamento. Os filhos do casamento são herdeiros de todas as três categorias de propriedade, mas estas categorias não estão fundidas.

Agora está bastante óbvio que o princípio de uma herança, pelo qual tanto mulheres quanto homens podem ser dotados com propriedade, está em conflito com o ideal de que a propriedade da terra deve ser mantida intata nas mãos dos herdeiros masculinos. Contudo, é fato que há muitas sociedades que logram manter ambos os princípios simultaneamente. Há uma variedade de comportamentos costumeiros que podem ser melhor entendidos se os considerarmos como soluções parciais do dilema que surge da manutenção destes ideais contraditórios.

Vamos esclarecer qual é o dilema. Por um lado, há o ideal de que a herança patrimonial deve ser mantida intata. Irmãos que têm o mesmo pai e a mesma mãe e seus filhos devem permanecer juntos na casa ancestral e trabalhar na terra ancestral. Por outro lado, desde que as esposas destes homens ao ingressarem no grupo doméstico trazem consigo propriedades que serão herdadas por seus próprios filhos mas não pelos sobrinhos e sobrinhas de seu marido, cada novo casamento cria um bloco separado de interesses de propriedades que estão em conflito com o ideal da manutenção da solidariedade econômica de *siblings* do sexo masculino.

Uma solução para esta dificuldade foi a adotada no código Jafna Tamil dos Thesawalamai (TAMBIAH, 1954, p. 36): os filhos herdavam a propriedade hereditária do pai, e as propriedades adquiridas de ambos os esposos eram herdadas pelos filhos e pelas filhas sem dote. Os dotes das filhas eram retirados do dote da mãe. Sistemas de descendência unilinear dupla, tal como a descrita por Forde em relação aos Yako, operam de uma maneira de certo modo comparável (FORDE, 1950, p. 306), apesar de que a distinção neste caso é feita entre a propriedade passada a homens através de homens (a herança patrilinear dos direitos da terra) e propriedade passada a homens através de mulheres (a herança matrilinear de bens móveis).

A preferência dos muçulmanos pela endogamia de patrilinhagem também resolve o conflito entre os direitos de herança femininos e um princípio patrilinear de descendência. Uma preferência declarada por casamento recíproco ou por casamento com primas cruzadas patrilaterais deve ter, às vezes, implicações iguais. De fato, preferências de casamento deste último tipo parecem estar mais ou menos confinadas às sociedades nas quais uma proporção substancial de direito de herança é transmitida através das mulheres [Cf. HOMANS & SCHNEIDER (1955)].

A poliandria adélfica, eu sugeriria, deve ser entendida como outra variação sobre o mesmo tema. Se dois irmãos compartilham uma mesma esposa, de tal maneira que os únicos herdeiros dos irmãos sejam as crianças nascidas desta mulher, então, de um ponto de vista econômico, o casamento tenderá a fortalecer a solidariedade do par *sibling* mais do que rompê-la; enquanto que, se dois irmãos têm esposas diferentes, seus filhos terão interesses econômicos separados, e é provável que seja impossível manter íntegra a herança patrimonial. A se acreditar no testemunho etnográfico, instituições poliândricas são consideradas, onde ocorrem, altamente virtuosas, e tendem a eliminar, mais do que a intensificar, ciúmes sexuais (AIYAPPAN, 1937).

Na conferência em discussão, o Príncipe Peter referiu-se repetidamente à poliandria contemporânea entre os Kandyan do Ceilão. Parece importante esclarecer o que o termo "poliandria" significa neste caso. O direito cingalês não reconhece a existência do casamento poliândrico e não é possível a nenhum indivíduo sustentar no tribunal de justiça que ele, ou ela, é "o descendente reconhecido" de dois pais diferentes, nem pode uma mulher gerar "descendência legítima" de dois maridos diferentes sem um registro intermediário de divórcio. Portanto, no sentido rigoroso da palavra, a poliandria no Ceilão não é uma variedade de casamento, se definirmos estritamente o casamento. Porém, em certas partes do Ceilão ocorre frequentemente, sem dúvida, que dois irmãos partilhem um grupo doméstico comum com uma "esposa", sendo que esses arranjos são permanentes, amigáveis e socialmente respeitáveis[3].

Unidades domésticas poliândricas deste tipo contrastam notavelmente com o padrão mais normal no qual dois ou mais irmãos moram juntos, cada um com sua "esposa" separada. Esta última situação é caracterizada por um cons-

---

3. É difícil aceitar a afirmação do Príncipe Peter de que no Distrito Ratnapura do Ceilão a poliandria é tão comum que constitui a norma. O *Census* (1946, Vol. I, part. 2) inclui cifras para os "casamentos costumeiros" assim como para os "casamentos registrados". Os recenseadores foram instruídos para considerar como "casados" qualquer um que "afirmasse ser casado de acordo com o costume ou reputação" e parece não haver razão para que tenham excluído os "maridos poliândricos". Entretanto, em todos os distritos, o número total de pessoas do sexo masculino "casadas" é aproximadamente igual ao número total de pessoas do sexo feminino "casadas", o que não sugere que a frequência de poliandria possa ser numericamente significativa. Em todo o Ceilão, segundo o *Census*, haviam 389.846 mulheres "casadas de acordo com o costume" e 843.493 "casadas legalmente por registro". Embora isto evidencie que a definição estrita de casamento legítimo é irrealista, não se segue que o antropólogo deva aceitar as noções dos recenseadores sobre o que constitui casamento costumeiro.

trangimento marcado entre os irmãos e, mesmo, por uma completa evitação entre um homem e sua "cunhada".

As "esposas" em tais casos podem ou não ser casadas de acordo com o direito cingalês. Numa grande proporção de casos não o são. De acordo com a lei, os filhos destas uniões são, então, ilegítimos. Os filhos, entretanto, têm certidão de nascimento e estas dão o nome não apenas da mãe mas também do pai reconhecido, uma circunstância que proporciona à criança uma reivindicação potencial à parte da propriedade herdável de cada um dos seus pais[4]. Portanto, a criança apesar de não ser *descendente legítima* de seus pais é, todavia, *herdeira legítima* deles. Se, então, o princípio de legitimação foi aqui definido em termos de direitos de propriedade, mais do que de descendência, parece ser bastante adequado considerar as reuniões costumeiras dos cingaleses como casamento.

Neste caso, será então possível ter um *casamento* poliândrico? Legalmente, não. Como a certidão de nascimento de modo algum pode apresentar mais do que um pai, nenhuma criança possui a base para estabelecer uma reivindicação legal à propriedade de uma corporação poliândrica. Apesar disso, parece provável que nestes grupos domésticos poliândricos as crianças geralmente herdem conjuntamente a propriedade indivisível dos dois pais e que o costume cingalês reconheça os seus direitos de o fazer. Desde que não sejamos muito pedantes a respeito do que entendemos por "legítimo", parece que de fato estamos tratando aqui de algo que um antropólogo pode adequadamente chamar de casa-

---

4. *The Report of The Kandyan Law Commission* (1935, parágrafos 199-210) recomenda que todas as crianças nascidas de casamentos não registrados sejam consideradas ilegítimas e excluídas de qualquer parcela da propriedade vinculada do pai. O *Report* reconhece que isto entra em conflito com o direito consuetudinário do período pró-britânico, o qual não restringe a propriedade vinculada (*paraveni*) à descendência de casamentos formais. RANASINHA (1950, Vol. I, parte I, p. 192) ignora este *Report* e afirma que as mais altas autoridades sustentaram que "o registro não era essencial para a validade de um casamento no Ceilão, e a relação de casamento podia ser presumida de uma evidência adequada de coabitação e reputação". Certamente em muitas partes do Ceilão atual os filhos de "casamentos" não registrados são tratados como tendo plenos direitos de herança sobre a propriedade de seu pai, mas não estou seguro de que este direito possa ser sustentado no tribunal de justiça atualmente.

mento poliândrico. Mesmo assim o assunto não está suficientemente claro.

Aiyappan (1945, p. 103), comentando a recusa de um juiz inglês em admitir a possibilidade de uma mulher ser simultaneamente casada com dois irmãos, trata o assunto como sendo simplesmente um conflito entre o direito inglês e o direito consuetudinário de Irava. Mas no que diz respeito aos cingaleses, o assunto não é tão simples.

A formulação clássica do antigo direito cingalês com respeito à poliandria aparece no *Digest* de Sawers (ver D'Oyly, 1929, p. 129): A poligamia, assim como a poliandria, é permitida sem limite de número de esposas ou maridos – mas a esposa não pode ter um segundo marido associado sem o consentimento do primeiro – embora o marido possa ter uma segunda esposa na mesma casa de sua primeira mulher, sem o consentimento desta. A esposa, entretanto, tem o poder de recusar a admissão de um segundo marido associado a pedido de seu primeiro marido, mesmo que ele seja o irmão do primeiro. E, se o segundo marido associado proposto não for um irmão do primeiro, é necessário o consentimento da família da esposa à dupla ligação.

É claro que aqui se distinguem dois direitos separados. Primeiro há o direito sobre a sexualidade da esposa o qual o casamento serve para investir parcial, mas não completamente, na pessoa do primeiro marido. Os direitos sexuais dos outros maridos são exercidos, não em virtude do casamento, mas através do consentimento individual do primeiro marido e da esposa comum. Por outro lado, o ritual do casamento patrilocal, cuja essência consiste em que o marido conduz a sua noiva da casa do pai desta para a sua própria casa (Report, 1935, parágrafo 168), serve para estabelecer uma relação de afinidade entre a família da esposa como um todo e a família do marido como um todo. A família da esposa não tem nenhum interesse no que se refere aos arranjos sexuais feitos, a menos que seja proposta a extensão dos direitos de acesso sexual além dos limites do grupo fraterno do marido.

Deve-se notar que, nesta formulação de Sawers, os direitos dos filhos não são mencionados; os procedimentos rituais do casamento cingalês não se referem aos direitos dos filhos potenciais. O rito do casamento entrega a sexualidade da mulher ao primeiro marido, e tem também o efeito de fazer um pronunciamento público de que a mulher tinha tido um dote apropriado, de modo que ela não tem mais direitos sobre a propriedade dos seus pais. O *status* dos filhos tem uma origem bem diferente.

No direito consuetudinário cingalês a regra era (e é)[5] que fosse publicamente sabido que um homem e uma mulher haviam coabitado, e se a mulher tivesse dado à luz uma criança, então a mulher tinha o direito de reclamar do homem o sustento da criança (D'OYLY, 1929, p. 84). Na prática rural usual, todos os filhos reconhecidos como sendo de um homem são igualmente seus herdeiros, tenha ele ou não passado em algum momento pelo ritual do casamento com a mãe deles. Do mesmo modo, todos os filhos de uma mulher podem pretender igualmente sua herança.

Minha conclusão é que, no caso cingalês, e muito provavelmente em outros casos análogos, estamos lidando com duas instituições diferentes, ambas assemelhando-se ao casamento tal como entendido comumente, mas que precisam ser cuidadosamente distinguidas. Nenhuma destas instituições corresponde, precisamente, ao tipo ideal de casamento como foi definido em *Notes and Queries*.

Por outro lado, temos um arranjo formal e legal, pelo qual, no que diz respeito ao Ceilão, uma mulher pode estar casada apenas com um homem de cada vez. O "casamento" neste sentido é sujeito ao consentimento pessoal da noiva e estabelece um relacionamento de afinidade entre a família da noiva e a do primeiro marido, colocando a sexualidade dela à disposição dele. Por outro lado, temos uma outra instituição de "casamento", a qual é estabelecida de maneira bastante informal mas que, todavia, em virtude de seu reconhecimento público, serve para garantir aos filhos pretensões sobre a propriedade patrimonial dos homens com os quais a mulher coabita e reside publicamente. Esta segunda forma de "casamento", apesar de estabelecer os direitos de herança dos filhos, não estabelece seu *status* permanente como membros de um grupo de descendência corporado. À medida que crescem, as crianças cingalesas têm uma ampla

5. Veja nota 4.

possibilidade de escolha com respeito a onde irão, finalmente, se colocar para fins de filiação.

Se aceitarmos esta segunda instituição como uma forma de "casamento", então a poliandria do Ceilão é uma forma de poligamia. Se restringirmos o termo "casamento" à primeira instituição, a poliandria no Ceilão é uma forma de policoito. Estas sutilezas de definição valem a pena, pois é importante que os antropólogos possam distinguir as várias classes de direitos que estão envolvidas nas instituições de casamento.

De maior importância é minha hipótese de que a poliandria adélfica está associada consistentemente a sistemas nos quais tanto as mulheres quanto os homens são os portadores dos direitos de propriedade. A poliandria existe no Ceilão porque numa sociedade onde tanto o homem quanto a mulher herdam a propriedade, arranjos poliândricos servem, tanto na teoria como na prática, para reduzir a hostilidade entre *siblings* irmãos.

ASPECTOS DO PREÇO DA NOIVA E DA ESTABILIDADE DO CASAMENTO ENTRE OS KACHIN E OS LAKHER

Nota Introdutória

Referi-me aos comentadores deste ensaio em meu prefácio. Fortes (1959b) é tido como um "replicador" dos argumentos que apresento aqui e os comentários de Goody (1959) são igualmente desfavoráveis. O Capítulo I do presente livro reafirma meu ponto de vista de que em algumas sociedades a aliança por afinidade está funcionalmente dissociada de qualquer noção de filiação, e que o pagamento de dívidas econômicas como uma expressão de tal aliança não deve ser entendida como uma forma disfarçada de herança unilinear dupla.

A julgar pelos comentários do Professor Fortes, algumas de minhas observações no fim deste ensaio são susceptíveis de interpretação errônea; assim, para evitar maior ambiguidade, devo declarar enfaticamente que os termos "filiação complementar", "descendência complementar" e "descendência unilinear dupla" são todos inadequados para as sociedades discutidas neste ensaio e que seu uso conduz a conclusões que não são meramente desencaminhadoras, mas falsas.

Os leitores de *Man* podem recolher uma correspondência extensa que se deu durante 1953 e 1954 sob o título geral de *Bridewealth and the Stability of Marriage* (*Man*, 1953, 75, 122, 223, 279; 1954, 96 97, 153). Girou em torno de certas proposições primeiramente formuladas pelo Professor Gluckman numa contribuição ao *African systems of Kinship and Marriage*. O presente ensaio tem alguma relação com os assuntos lá discutidos. As hipóteses que o Professor Gluckman visava defender podem ser encontradas nas páginas 190-92 de seu artigo original e parecem ser em número de três:

1. O divórcio é raro e difícil em sociedades organizadas num sistema de Direito Paterno acentuado e frequente e fácil de se obter em outros tipos.

2. A frequência do divórcio é um aspecto da durabilidade do casamento como tal, o que, por sua vez, é uma função da estrutura de parentesco.

3. O total de bens transferidos (em pagamentos pelo preço da noiva) e o índice de divórcio tendem a estar diretamente associados mas ambos estão enraizados na estrutura de parentesco. É a raridade do divórcio que permite elevados pagamentos pelo casamento, e não o elevado pagamento pelo casamento que dificulta o divórcio. O argumento do Professor Gluckman se relaciona principalmente, se bem que não exclusivamente, com materiais africanos. De acordo com seu ponto de vista, a 3ª hipótese é bastante subsidiária das outras duas.

O propósito deste ensaio não é colocar em controvérsia a tese do Professor Gluckman mas, antes, chamar a atenção para certas ambiguidades[1]. A primeira delas é o uso da ex-

---

1. O Professor Gluckman gentilmente leu o rascunho deste ensaio e me autorizou a fazer os seguintes comentários em seu nome. Ele concorda que o parágrafo acima contém um bom sumário do seu argumento original mas sugere que o leitor deva se basear no seu artigo original. Resumindo suas

pressão "Direito Paterno acentuado". O *Direito Paterno* em antropologia é uma tradução do conceito legal romano *Patria Potestas*. Como tal, não está necessariamente associado à descendência patrilinear. Por exemplo, a sociedade Garo está certamente organizada em princípios matrilineares mas a autoridade da família extensa corresidente (*nok*) é investida no marido mais velho do grupo, o *nokma*. É ele que exerce o controle sobre a propriedade de sua esposa e dispõe de suas filhas quanto ao casamento. Um homem tem apenas uma influência marginal nos negócios domésticos de suas irmãs casadas. Os Garo, apesar de matrilineares, parecem ser uma sociedade de Direito Paterno. Mas o Professor Gluckman não estava usando esta expressão nesse sentido. Pelo contrário, neste ensaio, "Direito Paterno acentuado" parece ser um sinônimo de algumas expressões tais como "forte patrilinearidade"[2]. Nesta leitura, suas hipóteses pressupõem que a estrutura de descendência de qualquer sociedade em particular pode ocupar uma posição, numa escala contínua, cujos marcadores seriam: Direito Paterno acentuado – Direito Paterno moderado – Bilateral (Cognático) – Matrilinearidade Moderada – Matrilinearidade Extrema. A tese geral parece ser que, na medida em que nos deslocamos nesta escala de Direito Patrilinear acentuado até Matrilinearidade Extrema, a probabilidade de divórcio frequente e fácil aumenta, enquanto diminui a pro-habilidade de pagamentos quantitativamente mais elevados pelo preço da noiva, sendo que o tipo de estrutura de descendência é o fator causal.

Meu método de verificação desta hipótese será o de considerar os dados relevantes destas três sociedades culturalmente muito semelhantes. Todas as três sociedades são geralmente descritas como patrilineares; mas se todas ou

opiniões atuais, ele afirma: "Eu não penso que o tipo de preço da noiva está simplesmente relacionado com a descendência agnática, uma vez que ele é afetado por tantos outros fatores. Realmente, creio ser raro haver um alto pagamento matrimonial em um sistema com casamento instável e, consequentemente, altos pagamentos de casamento são raros em sistemas não agnáticos. Posso não ter demonstrado isto de modo bastante claro em meu artigo, mas acredito que está claro que é isto o que eu quero dizer".

2. O Prof. Gluckman concorda com esta afirmação e diz que, em nenhuma reformulação de sua hipótese, evitaria a expressão "Direito Paterno".

algumas delas merecem o rótulo de "Direito Paterno acentuado" é uma questão de definição. Parte da minha tarefa é investigar o significado desta expressão; pois é claro, a menos que se saiba o que esta frase significa, a veracidade ou não da tese do Professor Gluckman não pode ser constatada.

Minhas três sociedades são: (i). Os Kachin *Gumsa* da Birmânia Setentrional, particularmente os que vivem na fronteira Birmânia-China a leste de Bhamo. Referir-me-ei a eles como os "Jinghpaw comuns", (ii) Os Kachin Gauri que são vizinhos imediatos dos "Jinghpaw comuns", mas diferem um pouco deles em termos de dialeto e costumes, (iii) Os Lakher, uma tribo de Assam, vizinha dos Haka Chin da Birmânia, com os quais se assemelham em termos da cultura em geral. Estes últimos vivem a algumas centenas de milhas ao sudoeste dos grupos Kachin e não estão em contato direto com eles. As culturas Kachin e Haka Chin são entretanto tão semelhantes nos seus aspectos gerais, que pelo menos um antropólogo notável confundiu os dois grupos (Lévi-Strauss, 1949).

Em relatos etnográficos sobre os Kachin, usualmente os "Jinghpaw comuns" e os Gauri não são claramente diferenciados, mas, de fato, Gilhodes (1922) está exclusivamente preocupado com os Gauri e Hanson (1913) quase que exclusivamente com os "Jinghpaw comuns". Carrapiett (1929) se refere aos "Jinghpaw comuns" quando cita J. T. O. Barnard e aos Gauri quando cita P. M. R. Leonard, D. W. Rae e W. Scott. Kawlu Ma Nawng (1942), ele próprio um Gauri, que escreve usualmente a respeito dos "Jinghpaw comuns", no Capítulo XI de seu trabalho escreve sobre os Gauri.

O padrão geral de casamento que prevalece entre os Kachin (tanto Jinghpaw quanto Gauri) foi por mim descrito em publicações prévias (Leach, 1952; 1945); o sistema Lakher foi analisado por Parry (1932). Resumidamente, a posição é que em todas as três sociedades há uma alta valorização da hipogamia de classe, enquanto que a hipergamia de classe é deplorada. Espera-se que um jovem se case com uma jovem de *status* social mais alto que o seu, e ele deve em todos os casos evitar o casamento com uma jovem de *status* mais baixo que o seu. Se existe uma diferença, são os

Lakher que enfatizam esta valorização mais do que os Kachin. Os homens Lakher podem ter concubinas (*nongthang*) de classe baixa, mas no casamento mesmo (*noghia*) espera--se que a esposa tenha *status* mais elevado do que o seu marido, e um homem pode ter de adiar o casamento por muitos anos até atingir este fim (*op. cit.*, pp. 292, 311, 340). A longo prazo esta discriminação tem tanto de valor econômico quanto de esnobismo. O total do preço matrimonial de uma jovem varia de acordo com o nível de *status* da patrilinhagem a que ela pertence. Se o seu pai, o pai do seu pai e o pai do pai do seu pai casaram-se, cada um por sua vez, com mulheres de classe mais alta que a deles, a jovem poderá pedir um preço matrimonial muito mais alto do que a sua patrilinhagem poderia exigir (*op. cit.*, p. 311). Este padrão de hipogamia está associado a uma estrutura política que de certo modo se parece com o feudalismo. O sistema se reflete em uma regra de casamento que torna adequado o casamento com uma mulher da categoria da filha do irmão da mãe, enquanto o proíbe com a filha da irmã do pai. Em geral, o sogro de um homem é também seu senhor político. O que escrevi previamente sobre isso com respeito aos Kachin (LEACH, 1951, 1954) é válido também para os Lakher.

As três sociedades têm uma estrutura de linhagem patrilinear, mas entre os Lakher, ao que parece, as linhagens, comumente, não são do tipo segmentar. Neste ponto, entretanto, o material de Parry não é muito específico (ver também LEACH, 1960). O padrão de residência e a ecologia geral parecem ser muito semelhantes em todos os três casos.

Por outro lado, no que diz respeito ao preço da noiva e ao divórcio, os três grupos mostram algumas variações interessantes.

Os "Jinghpaw comuns" parecem ajustar-se muito bem à hipótese do Professor Gluckman. Apesar de semipermanentes, as ligações pré-nupciais são frequentes; há também um rito formal de casamento religioso (*num ahalai*) e, desde que tal rito ocorra, o único modo ortodoxo de divórcio consiste na troca da noiva por uma das suas irmãs de linhagem. O casamento em si é indissolúvel (CARRAPIETT, 1929, pp. 35-37; KAWLU MA NAWNG, 1942, p. 60). Os filhos da esposa pertencem totalmente à linhagem de seu marido e há um sistema de herança da viúva o qual, provavelmente, merece o nome de levirato (*Man*, 1954, 96). As transações do preço da noiva nesta sociedade são complicadas e caras (HANSON, 1913, p. 185), mas não atingem a elaboração do sistema Lakher (PARRY, 1932, pp. 311-39).

Os Lakher, por outro lado, parecem contradizer a teoria. Não há nenhum elemento religioso no rito formal de casamento (*op. cit.*, p. 299). O divórcio é fácil e aparentemente frequente (*op. cit.*, p. 343). As viúvas podem casar-se novamente e não precisam continuar na linhagem do primeiro marido (*op. cit.*, p. 295). Ainda pelo critério normal (por exemplo: sucessão a nomes, títulos, cargos), os Lakher parecem ser tão patrilineares quanto os Kachin. Além disso, as suas transações do preço da noiva não são muito caras nem extraordinariamente complicadas. O marido deve não apenas fazer um grande pagamento principal (*angkia*) à linhagem de sua esposa, mas uma vez que sua unidade doméstica esteja estabelecida, ele deve fazer um pagamento (*puma*) de escala semelhante à linhagem do irmão da mãe de sua esposa, parte da qual (*lokheu*) é então transferida à linhagem do irmão da mãe do irmão da mãe de sua esposa.

Como indiquei, em quase todos os aspectos o costume Gauri pode ser pouco diferenciado do "Jinghpaw comum", mas há alguns traços especiais com respeito ao casamento e divórcio em que os Gauri se assemelham um pouco aos Lakher. O divórcio Gauri não é comum mas é bastante possível. Onde um casamento é insatisfatório, o procedimento mais fácil (como com os "Jinghpaw comuns") é a linhagem da noiva providenciar uma outra jovem como substituta. Mas onde isso não é possível, o casamento pode ser rompido simplesmente pela devolução do preço da noiva (GILHODES, 1922, p. 222; Leonard *in* CARRAPIETT, 1929, p. 37; KAWLU MA NAWNG, 1942, p. 62).

Novamente, uma viúva Gauri está apenas provisoriamente à disposição da linhagem de seu marido. Se esta não providenciar um novo marido que seus pais consideram adequado, então eles devem tê-la de volta (contra um novo pagamento parcial do preço da noiva). Ela está então completamente livre para casar-se outra vez (GILHODES, 1922, p. 227).

Em contraste, entre os "Jinghpaw comuns", "quando uma mulher tiver realizado a cerimônia de comer arroz da mão de seu marido na refeição vespertina do dia do casamento, ela se tornou sua esposa por toda a vida" (KAWLU MA NAWNG, 1942, p. 60) e os parentes de seu marido têm uma obrigação inapelável de mantê-la mesmo depois da morte dele.

Os Gauri têm um outro costume surpreendente e relevante. As jovens Gauri com frequência passam pela cerimônia formal de casamento e retornam imediatamente aos seus próprios pais onde permanecem por um número de anos antes de unir-se aos seus maridos. Enquanto não estão no lar não hesitam em receber amantes, apesar do grande risco da punição como adúlteras. É considerado como extremamente vergonhoso para uma noiva Gauri estabelecer-se com seu marido imediatamente após o casamento (GILHODES, 1923, pp. 221 e ss.). Como já sugeri, é um gesto simbólico que serve para discriminar o fato de que a cerimônia de casamento serviu para transferir à linhagem do marido toda a prole da noiva, não importando como tenha sido concebida, sendo que a pessoa física da noiva, em si mesma, não foi transferida. Ela continua sendo um membro livre e independente de sua própria patrilinhagem de origem.

É verdade que as noivas "Jinghpaw comuns" são também um tanto quanto propensas a fugirem de seus maridos na noite do casamento. É um gesto de desprezo pelo baixo *status* do grupo do marido e aparentemente tem a aprovação dos pais da noiva. Não obstante, na minha experiência, uma noiva "Jinghpaw comum" é sempre imediatamente mandada de volta para seu marido onde logo se estabelece. Dos etnógrafos, somente KAWLU MA NAWNG (1942, pp. 60-2), ele próprio um Gauri, parece argumentar que os costumes dos "Jinghpaw comuns" e dos Gauri são neste ponto virtualmente os mesmos. Admito que os costumes "Jinghpaw comum" e Gauri são muito próximos mas a diferença que existe não é acidental. O casamento Kachin usual transfere tanto a noiva quanto sua prole para o controle jurídico da linhagem de seu marido; o casamento Gauri transfere só a prole.

A natureza da própria cerimônia do casamento, a escala e o padrão dos pagamentos do preço da noiva entre os Gauri e os "Jinghpaw comuns" parecem indistinguíveis.

Finalmente, a política. Escrevendo anteriormente sobre os Kachin, sugeri que todos os chefes *Gumsa* Kachin (incluindo os Gauri) tomam como modelos para si próprios os príncipes Shan e que, de todos os Kachin, os chefes Gauri foram os mais bem sucedidos a esse respeito (LEACH, 1954, p. 225). Comparada com a sociedade "Jinghpaw comum", a sociedade Gauri é nitidamente estratificada em classes e os chefes são mais efetivamente autocráticos. Creio que isto também é verdade em relação aos Lakher, através da minha leitura de Parry.

Há alguma coisa a ser inferida destas várias diferenças? Em termos da hipótese original do Professor Gluckman seria presumivelmente o caso de que os Gauri têm o "Direito Paterno menos acentuado" do que os "Jinghpaw comuns" e os Lakher, "Direito Paterno menos acentuado" do que ambos; pois entre os "Jinghpaw comuns" o divórcio é impossível, entre os Gauri o divórcio é possível mas raro, e entre os Lakher, é fácil e frequente. Mas, como podemos medir o grau de Direito Paterno? É questão de autoridade de um pai sobre seus filhos ou sobre suas filhas ou sobre ambos?

No argumento do Prof. Gluckman a ênfase está nos direitos sobre uma mulher adquiridos pela patrilinhagem do marido da mulher como uma consequência do casamento. Mas o que tem isto a ver com o Direito Paterno? Não poderíamos, pois, argumentar que se o Direito Paterno fosse realmente uma variável, então, numa sociedade patrilinear ele diria respeito ao grau de permanência com que a patrilinhagem de nascimento continua a exercer controle jurídico sobre todos os seus membros durante a sua vida inteira. É seguro que o Direito Paterno de um pai que retém considerável controle sobre a pessoa de sua filha mesmo depois de casada é maior do que o Direito Paterno de um pai que cede todo esse controle ao marido de sua filha? Ainda que o Professor Gluckman desistisse agora do uso que ele faz da expressão Direito Paterno o problema ainda permaneceria. O que significa dizer que de duas sociedades patrilineares uma é mais fortemente patrilinear do que a outra?

Vejamos nosso próprio material desse ponto de vista. Sugiro que entre os "Jinghpaw comuns" por um lado, e os Laker (e até certo ponto os Ganri) por outro, *não* há diferença no sistema de descendência, mas *há* uma significativa diferença na natureza da instituição do casamento.

Com os "Jinghpaw comuns", o casamento envolve uma transferência da noiva do controle jurídico de sua própria patrilinhagem para a de seu marido, uma transferência absoluta e definitiva. A linhagem do marido adquire pelo casamento não somente direitos sobre os possíveis filhos da esposa, mas também absoluto controle físico sobre a própria pessoa da esposa. A força do laço de afinidade neste caso repousa sobre a força do relacionamento de *sibling* entre a noiva e sua patrilinhagem de origem. Em caso de disputa, é antes o laço entre *siblings*, e não o laço de casamento que presumivelmente cederá. A relação de afinidade (*mayu-dama*) entre cunhados poderá tornar-se sem efeito, mas isto não levará ao divórcio.

Neste caso as transações do preço da noiva podem ser descritas corretamente como um "preço"; a posse da pessoa física da noiva e todos os direitos a ela vinculados são transferidos em troca de bens dados em pagamento pelo casamento. Nesta situação, como o Prof. Gluckman havia previsto, o divórcio é impossível.

Por outro lado, com os Lakher o casamento envolve apenas a procriação e o *status* jurídico das crianças. O grupo do marido, cujo *status* inferior é enfatizado, pode ser visto como "alugando" as forças procriativas da noiva com o propósito de gerar crianças de *status* relativamente alto. Deste modo a linhagem do marido adquire direitos permanentes sobre as crianças assim geradas, mas *não* adquirem direitos permanentes sobre a pessoa da noiva. Pelo contrário, a noiva nunca desiste da sua condição de membro efetivo da sua própria patrilinhagem superior, e será sempre livre para retornar quando quiser. Os filhos da esposa pertencem ao grupo do marido mas não de uma maneira absoluta. A patrilinhagem da esposa conserva uma espécie de hipoteca sobre estas crianças (particularmente sobre as filhas). E, assim, quando elas, em seu devido tempo, forem "alugadas" pelo casamento, a patrilinhagem de origem da sua mãe reivindicará metade do aluguel.

Segundo alguns antropólogos (cf. BRENDA SELIGMAN, 1928) deveríamos reconhecer neste último aspecto um princípio "submerso" de descendência matrilinear, mas acho isto artificial e inútil; tanto os Kachin como os Lakher me parecem ter uma "ideologia" exclusivamente patrilinear sem, absolutamente, nenhum conceito que possa ser com proveito descrito como de descendência unilinear dupla. Minha própria interpretação é diferente. As evidências mostram, eu sugiro, que no caso dos Lakher o laço de *sibling* entre a noiva e sua própria patrilinhagem jamais é, de modo algum, ameaçado. Se o laço de afinidade (*patong/ngazua*) torna-se ineficaz é o próprio casamento que é permitido terminar. Isto contrasta com o caso dos "Jinghpaw comuns" onde o casamento é considerado indissolúvel, mas o laço de *sibling* entre a esposa e seus irmãos pode enfraquecer. O meu argumento é, na verdade, uma exemplificação da segunda hipótese do Prof. Gluckman citada no 1º parágrafo deste ensaio.

O casamento dos "Jinghpaw comuns" estabelece entre as linhagens um laço de afinidade cuja eficácia depende do reconhecimento constante da relação de *sibling*, enquanto que o casamento dos Lakher estabelece entre as linhagens um laço de afinidade cuja eficácia depende da continuidade do próprio casamento. Esta diferença esquemática está ilustrada nas Figs. 15 e 16. Em ambos os casos, o "laço de afinidade" estabelecido por um novo casamento é um elemento potencialmente frágil na estrutura social que continua; no caso dos "Jinghpaw comuns", a fragilidade está localizada no laço de *sibling* entre a noiva e seus irmãos de linhagem; no caso dos Lakher, a fragilidade está na própria relação de casamento.

Parece-me discutível que decorra da natureza geral do parentesco que um laço de *sibling* seja "intrinsecamente" mais duradouro do que um laço de casamento. Se assim fosse, os grandes e extensos pagamentos de casamento dos Lakher (que na tese de Gluckman estão paradoxalmente associados a divórcio fácil)[3] poderiam ser interpretados como uma tentativa de consolidar a fraqueza intrínseca da relação *patong/ngazua* (cf. PARRY, 1932, p. 343).

Pode ser observado que o fato dos Lakher e dos Gauri serem mais pronunciadamente estratificados – maior consciência de classe – do que os "Jinghpaw comuns" também cabe no padrão que eu descrevi. Os aristocratas Jinghpaw "vendem" suas filhas totalmente; os Gauri e os Lakher não se dignam a fazê-lo; eles apenas permitem a seus inferiores ter um acesso sexual condicionado a um longo e continuado pagamento de taxas de tributo.

Isto talvez possa parecer semelhante à linguagem de uma fazenda de criação, mas a analogia é apropriada. As noções de classe dos Lakher realmente implicam que eles pretendem uma "boa raça" para as pessoas, da mesma maneira como pretendemos uma "boa raça" para os cavalos. Em ambos os contextos, "boa raça" é um artigo válido e mais disponível para aluguel do que para venda.

Mas se os meus leitores aceitarem esta análise, o que sobrará das proposições originais do Prof. Gluckman? Se o grau de Direito Paterno é uma variável significativa nestes tópicos, onde se deve localizar a máxima? Entre os "Jinghpaw comuns" que abrem mão de suas filhas, ou entre os Lakher e Gauri que aparentemente nunca o fazem? Se nos pedirem que sustentemos que os "Jinghpaw comuns" são de algum modo "mais patrilineares" do que os Lakher, qual a base para esta discriminação? Meu propósito, como já disse antes, não é o de discordar do Professor Gluckman, mas antes buscar um esclarecimento de conceitos. E isto não é apenas um inútil jogo de palavras. É a própria natureza do conceito de descendência que está em jogo.

Deixem-me desenvolver meu raciocínio. A importância do trabalho de Evans-Pritchard e seus seguidores com respeito à teoria geral de sistemas de descendência unilinear é agora reconhecida por todos. Desde a publicação do *The Nuer* (1940), estruturas segmentais estritamente compará-

---

3. Eu gostaria de enfatizar que o Prof. Gluckman está bastante informado de exemplos, mesmo na literatura africana, onde altos pagamentos matrimoniais coexistem com fácil divórcio, mas em sua opinião estes casos são "raros" (ver p. 177, n. 1).

185

veis foram noticiadas de várias partes do mundo (FORTES, 1953). Tudo isto tem realçado muitíssimo a teoria geral da estrutura de grupo corporado que deriva originariamente de Maine e Weber (KRADER, 1956). Isto também serviu para lançar a grande e talvez exagerada ênfase no princípio da descendência como princípio fundamental da organização social em todas as sociedades relativamente "homogêneas".

Em toda esta análise foi dada uma ênfase sobre os laços dentro da corporação unilinear ou entre corporações diferentes ligadas por laços de descendência comum. Os laços *estruturais* que derivam do casamento entre membros de corporações diferentes foram amplamente ignorados ou então assimilados no tão importante conceito de descendência. Assim, FORTES (1953), embora reconheça que os laços de afinidade têm importância comparável aos laços de descendência, dissimula o primeiro sob sua expressão "filiação complementar". A essência deste conceito, que se assemelha à distinção romana entre agnação e cognação, é que qualquer Ego tem parentesco com os parentes de seus pais porque ele é descendente de ambos e não porque seus pais sejam casados. O próprio laço de casamento é de menor importância quando comparado com o *laço de sibling* que une o pai (ou a mãe) "complementar" ao seu grupo de descendência de origem. Com efeito, supõe-se que a estrutura de relacionamento por afinidade adote sempre o tipo representado pela Fig. 15 e não o mostrado na Fig. 16. Para Fortes, laços de casamento, como tais, não fazem parte do sistema estrutural. Eles são de interesse somente porque servem para distribuir os indivíduos entre si. Citando Laura Bohannan, ele observa que "laços... surgidos de trocas de casamento resultam em um esquema complexo de individuação para distinguir tanto grupos fraternos como pessoas, dentro da linhagem" (Fortes, 1953, p. 33). Mas o material que eu apresentei neste ensaio lança algumas dúvidas sobre a adequação desta análise. Pois, embora no caso dos Lakher e dos Kachin, a generalização acima seja verdadeira, é também o caso de que os laços *mayu/dama* e *patong/ngazua* são uma parte crucial da estrutura *contínua* do sistema. Estes são sistemas nos quais, como é usual, "a filiação – em contraste com a descendência – é bilateral" (*op. cit.*) Na terminologia favo-

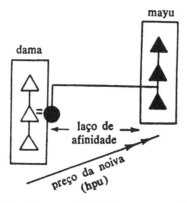

Fig. 15 Sistema dos "Jinghpaw comuns".

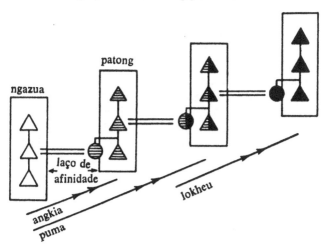

Fig. 16. O sistema Lakher.

recida por Fortes e Goody eles são sistemas patrilineares nos quais a linha de descendência matrilinear complementar assume importância muito grande. Devemos então dizer que estes são sistemas de descendência unilinear dupla (o que entra em conflito com a ideologia do próprio povo tal como foi relatado pelos etnógrafos) ou devemos pensar novamente sobre a relação entre "corporatividade" e "descendência", qualificando nossa interpretação segundo a "filiação complementar", seja do tipo da Fig. 15 ou da Fig. 16?

É relevante que, como está indicado nos diagramas, as próprias pessoas não sintam os laços cruzados que ligam lateralmente as diferentes patrilinhagens como sendo da natureza de descendência. A continuidade da estrutura "verticalmente" através do tempo é adequadamente expressa por meio da transmissão agnática de um nome da patrilinhagem. Mas a continuidade da estrutura "lateralmente" não está assim expressa. Em vez disso, ela é mantida por uma cadeia contínua de relações de dívidas de tipo econômico, pois é da própria essência dos laços *mayu/dama* e *patong/ngazua* que alguma parte dos pagamentos do preço da noiva (*hpu, angkia, puma* etc.) fique pendente de geração a geração. É a existência destas dívidas pendentes que garante a continuidade do relacionamento por afinidade. Se a dívida é repudiada o laço de afinidade torna-se ineficaz; no caso dos "Jinghpaw comuns" isso é o mesmo que dar origem a rixas; no caso dos Lakher isso levará ao divórcio e ao total cancelamento do laço (*patong/nga-zud*) de afinidade.

Um problema semelhante e relacionado a este existe no campo dos estudos australianos, onde houve um longo e efetivo debate no tocante a se (ou em que circunstâncias) os sistemas de descendência descritos por Radcliffe-Brown e Lloyd Warner podem ser corretamente considerados como sistemas de descendência unilinear dupla. Esquematicamente, esta é, muitas vezes, a forma mais simples de descrição, mas até onde é adequada? As tentativas de Radcliffe-Brown de representar o sistema Murngin como simplesmente uma variação dos padrões australianos mais usuais tomam conhecimento apenas da estrutura de parentesco e servem mais para mascarar do que para iluminar os elementos econômicos na situação (ver pp. 109-114).

Em resumo, meu problema é o seguinte: as categorias de "filiação complementar" e de "descendência unilinear dupla", como estão demarcadas em FORTES (1953), são adequadas para a interpretação de dados tais como os que apresentei? Ou devemos, como eu mesmo suspeito, tomar conhecimento do contexto político e econômico antes que possamos dar um rótulo ao tipo estrutural? Acho que talvez seja este o ponto em que minhas opiniões divergem das do Prof. Gluckman, pois, em um dado momento, ele parece insistir que a estrutura do parentesco *per se* é causal a *todos* os outros fatores na situação total; mas, talvez, eu o tenha compreendido mal. O valor do exemplo particular analisado neste ensaio é que, como entre os "Jinghpaw comuns", os Gauri e os Lakher, um número muito grande de variáveis possivelmente significativas são comuns a todas as três sociedades. Torna-se provável que as diferenças particulares observadas sejam, de fato, os fatores funcionalmente discriminatórios.

Suspeito que tenhamos, ao final, de distinguir duas categorias inteiramente diferentes de sistemas de descendência unilinear. Há a categoria na qual a maior parte dos sistemas africanos de linhagem parecem enquadrar-se e que incluiria as linhagens não exogâmicas da Ásia Ocidental islâmica. Neste caso a estrutura contínua é definida apenas pela descendência e o casamento serve meramente para criar "um complexo esquema de individualização" dentro da estrutura. Em contraste, há a categoria de sociedades nas quais a descendência unilinear está ligada a uma regra fortemente definida de "casamento preferencial". Neste último caso, a "filiação complementar" pode vir a fazer parte da estrutura contínua permanente, mas para compreender como isso se dá precisamos considerar os fatores econômicos e políticos assim como a estrutura de parentesco isoladamente.

Em ambas as categorias de sociedade, o princípio de descendência unilinear é da maior importância, mas ele desempenha um papel estrutural inteiramente diferente nos dois casos.

DOIS ENSAIOS A RESPEITO
DA REPRESENTAÇÃO SIMBÓLICA
DO TEMPO

Nota Introdutória

Estes dois pequenos ensaios apareceram, originalmente, na publicação da Universidade de Toronto *Explorations.* As correções que foram feitas ao texto de "Cronos e Crono" devem-se, em grande parte, às valiosas sugestões do Sr. M. I. Finley de Jesus College, Cambridge.

I. Cronos e Crono

Meu ponto de partida neste ensaio é simplesmente *time* (tempo) como uma palavra da língua inglesa. É uma palavra que usamos em uma ampla variedade de contextos e que tem um número considerável de sinônimos e entretanto, que é, singularmente difícil de traduzir. Em um dicionário de

191

Inglês-Francês, *time* é um dos verbetes mais extensos do livro; *time* é *temps*, e *fois*, e *heure*, e *âge*, e *siècle*, e *saison*, e muitas outras palavras mais, e nenhuma delas é um simples equivalente; talvez a mais próxima a *time* do inglês seja *temps*, mas *beau temps* não é *lovely time*.

Fora da Europa, esta espécie de ambiguidade é ainda mais marcada. Por exemplo, a língua do povo Kachin da Birmânia Setentrional parece não conter nem uma só palavra que corresponda ao *time* inglês com alguma proximidade; ao invés disso, existem numerosos equivalentes parciais. Por exemplo, nas expressões seguintes o equivalente Kachin da palavra *time* seria diferente em cada caso:

The *time* by the clock is	*ahkying*
A long *time*	*tia*
A short *time*	*tawng*
The present *time*	*ten*
Spring *time*	*ta*
The *time* has come	*hkra*
In the *time* of Queen Victoria	*lakhtak, aprat*
At any *time* of life	*asak*

e tudo isto certamente não esgota a lista. Não penso que um Kachin consideraria estas palavras como sendo, de algum modo, sinônimas umas das outras.

Este tipo de coisa sugere um problema interessante e que é bastante distinto de um tema puramente filosófico como indagar sobre a *natureza* do Tempo[1]. Ei-lo: como chegamos a ter uma categoria verbal como *time?* Como isto se prende às nossas experiências cotidianas?

É claro que em nosso caso, equipados como estamos com relógios, rádios e observatórios astronômicos, o tempo é um fator dado em nossa situação social; é uma parte essencial de nossas vidas, e isso consideramos como dado certo. Mas suponhamos que não tivéssemos relógio, nem astronomia científica; como pensaríamos então a respeito

---

1. Nos exemplos anteriormente apresentados pelo autor, mantivemos a palavra inglesa *time*, já que esta e a palavra *tempo* do português não abrangem exatamente os mesmos significados. Utilizaremos a palavra *tempo*, na tradução deste capítulo, apenas quando não for necessário nuançar o seu significado. (N. do T.)

do tempo? Que atributos óbvios o tempo pareceria então possuir?

Talvez seja impossível responder a uma tal questão, tão hipotética. Ainda assim parece-me, relógios à parte, que nossa moderna noção inglesa de tempo abrange pelo menos dois tipos diferentes de experiência que são logicamente distintos e até mesmo contraditórios.

Em primeiro lugar, existe a noção de repetição. Toda vez que pensamos a respeito da medida do tempo, preocupamo-nos com algum tipo de metrônomo; pode ser o tique-taque de um relógio, ou uma pulsação, ou a recorrência a dias, luas, estações anuais – mas há sempre alguma coisa que se repete.

Em segundo lugar, existe a noção da não repetição. Estamos cientes de que todas as coisas vivas nascem, crescem e morrem, e que este processo é irreversível.

Estou inclinado a pensar que todos os outros aspectos do tempo, duração ou sequência histórica, por exemplo, são apenas simples derivações destas duas experiências básicas:

(a) que certos fenômenos da natureza se repetem
(b) que as mudanças da vida são irreversíveis.

Agora, nossa visão moderna e sofisticada tende a jogar a ênfase no segundo destes aspectos do tempo. "O tempo", diz Whitehead, "é a pura sucessão de durações de épocas": ele segue e segue (WHITEHEAD, 1927, p. 158). Apesar disso, precisamos reconhecer que esta irreversibilidade do tempo é muito desagradável do ponto de vista psicológico. Na verdade, os dogmas religiosos estão, no mundo inteiro, relacionados com a negação da "verdade" final desta experiência do senso comum.

As religiões certamente variam muito na maneira pela qual encerram o repúdio à "realidade" da morte; um dos estratagemas mais comuns é simplesmente afirmar que a morte e o nascimento são a mesma coisa – que o nascimento se segue à morte, assim como a morte se segue ao nascimento. Isto parece produzir a negação do segundo aspecto do tempo, através de sua equação com o primeiro.

Eu iria além. Parece-me que se não fosse pela religião nós não tentaríamos de modo algum englobar os dois aspectos do tempo sob uma categoria única. Os eventos repetitivos e os não repetitivos são, afinal de contas, logicamente os mesmos. Tratamos a ambos como aspectos de "uma coisa", *o tempo*, não porque seja racional fazê-lo, mas devido ao preconceito religioso. A ideia do Tempo, tal como a ideia de Deus, é uma dessas categorias que julgamos necessárias porque somos animais sociais, mais do que devido a qualquer coisa empírica da nossa experiência objetiva do mundo (*Année Sociologique* 5:248; HUBERT & MAUSS, 1909).

Ou coloquemos isto de outro modo. Em nosso modo convencional de pensar, todo intervalo de tempo é marcado pela repetição; ele tem um começo e um fim que são "a mesma coisa" – o tique-taque de um relógio, o nascer do sol, uma lua nova, o dia do Ano Novo... mas cada intervalo do tempo é apenas uma parte de algum outro intervalo maior de tempo que, do mesmo modo, começa e acaba repetidamente... Assim, se pensarmos deste modo, acabaremos por supor que "o próprio Tempo" (seja ele o que for) deve repetir-se. Empiricamente, parece ser este o caso. As pessoas tendem, de fato, a pensar no tempo como algo que em última análise se repete; isto se aplica igualmente aos aborígenes australianos, aos antigos gregos, e aos modernos astrônomos matemáticos (HOYLE, 1950, p. 108). Meu ponto de vista é que pensamos assim não pela falta de uma outra maneira possível de pensar, mas por termos uma repugnância psicológica (religiosa, portanto) em relação a contemplar seja a ideia da morte seja a ideia do fim do universo.

Acredito que este argumento possa servir para lançar alguma luz sobre a representação do tempo no ritual e na mitologia primitivos. Nós mesmos, ao pensarmos a respeito do tempo, estamos ligados de modo demasiadamente próximo às formulações dos astrônomos; se não nos referimos ao tempo como uma linha reta coordenada que se estica de um passado infinito para um futuro infinito, nós o descrevemos como um círculo ou um ciclo. Temos aqui metáforas puramente geométricas, embora não haja nada intrinsecamente geométrico no tempo tal como o conhecemos através da experiência. Apenas os matemáticos estão, geralmente, inclinados a pensar na repetição como um aspecto do movimento em círculo. Na comunidade primitiva, não sofisticada, as metáforas de repetição têm, provavelmente, uma natureza muito mais doméstica: o vômito, por exemplo, ou as oscilações da lançadeira de um tecelão, ou a sequência das atividades agrícolas, ou mesmo as trocas rituais de uma série de casamentos interligados. Quando descrevemos tais sequências como "cíclicas", introduzimos inocentemente uma notação geométrica que pode muito bem estar ausente de uma maneira total do pensamento da população em questão.

Na verdade pareceria que, em algumas sociedades primitivas, o processo do tempo não é sentido, de modo algum, como uma "sucessão de durações de época"; não existe nenhum sentido de seguir sempre e sempre na mesma direção, ou de girar, girar em uma mesma roda. Pelo contrário; o tempo é experimentado como algo descontínuo, uma repetição de inversões repetidas, uma sequência de oscilações entre opostos polares: dia e noite, inverno e verão, seca e cheia, velhice e juventude, vida e morte. Em tal esquema, o passado não tem "profundidade", todo o passado é igualmente passado; é simplesmente o oposto de agora.

É a religião e não o senso comum que persuade os homens a incluir tantas e tais oposições sob uma categoria única tal como tempo. O dia e a noite, a vida e a morte são pares logicamente similares apenas no sentido em que são ambos pares de opostos. É a religião que os identifica, pregando-nos a peça de nos fazer pensar na morte como a noite da vida, persuadindo-nos assim de que os eventos não repetitivos são, realmente, repetitivos.

A noção de que o processo do tempo é uma oscilação entre opostos – entre o dia e a noite ou entre a vida e a morte – implica na existência de uma terceira entidade: a "coisa" que oscila, o "eu" que em um momento está à luz do dia e em um outro na escuridão, a "alma" que em um momento está no corpo vivo e no outro na sepultura. Nesta versão do pensamento animista, o corpo e o túmulo são simplesmente residências temporárias e alternadas para a essência da vida, a alma. Em *Fédon*, Platão usa efetivamente esta metáfora e de modo explícito: ele se refere ao corpo humano como a *sepultura* da alma (psique). Na

195

morte, a alma sai deste mundo para o submundo; no nascimento, a alma volta do submundo para este mundo.

Esta é sem dúvida uma ideia muito comum tanto no pensamento religioso primitivo, quanto no menos primitivo. O ponto que quero enfatizar é que este tipo de animismo envolve uma concepção particular da natureza do tempo e, por isso, a mitologia que justifica uma crença na reencarnação é também, por outro ângulo, uma representação mitológica do próprio "tempo". No resto deste ensaio, tentarei ilustrar este argumento referindo-me ao material familiar da Grécia clássica.

À primeira vista pode parecer que estou argumentando em círculos. Comecei por perguntar sobre o tipo de experiência concreta, real e subjacente à nossa noção abstrata de tempo. Aparentemente, tudo que consegui fazer até aqui foi passar das oscilações do tempo abstrato para as oscilações de um conceito muito mais abstrato, a alma. Isto está, certamente, pior do que nunca. Para nós, talvez, sim. Podemos "ver" o tempo num relógio; não podemos ver as almas das pessoas; para nós, as almas são mais abstratas do que o tempo. Mas para os gregos, que não tinham relógios, o tempo era uma abstração total, enquanto que a alma era considerada como sendo de uma substância material que consistia do tutano da espinha e da cabeça, formando uma espécie de essência concentrada do sêmen masculino. Na morte, quando o corpo era colocado na sepultura, este tutano coagulava-se, transformando-se numa cobra viva. Nos cultos gregos aos ancestrais, a ênfase sobre a adoração da cobra não era um resíduo de totemismo: era simplesmente porque se pensava que o herói-ancestral, em sua forma ctônica, era uma cobra de verdade. Assim, para os gregos, ao menos do período pré-socrático, a oscilação da alma entre a vida e a morte era concebida bem materialmente – a alma era osso-tutano material (no corpo vivo) ou era uma cobra material (na sepultura) (ONIANS, 1951; HARRISON, 1922).

Então, se como sugeri, os gregos concebiam as oscilações do tempo por analogia com as oscilações da alma, eles estavam usando uma metáfora concreta. É basicamente a metáfora do coito sexual, do fluxo e refluxo da essência sexual entre o céu e a terra (com a chuva como sêmen), entre este mundo e o submundo (com tutano-gordura e sementes vegetais como sêmen), entre homem e mulher. Em síntese, é o próprio ato sexual que fornece a imagem primária do tempo. No ato da cópula o macho concede um pedaço de sua alma-vida à fêmea; ao dar à luz, ela o restitui. O coito é visto aqui como uma espécie de morte para o macho; dar à luz, como uma espécie de morte para a fêmea. Por mais singular que este simbolismo possa parecer, ele coincide inteiramente com as descobertas dos psicanalistas que abordaram o assunto de um ponto de vista bastante diferente (ROHEIM, 1930, pp. 20-26).

Sugiro que tudo isto lance luz sobre um dos personagens mais enigmáticos da mitologia grega, Cronos, pai de Zeus. (ARISTÓTELES) (*de Mundo*, Cap. 7) declarou que Cronos era uma representação simbólica de Crono, o Tempo Eterno – e aparentemente é esta associação que forneceu a segadeira ao nosso venerável Pai Tempo (cf. Rose, 1928, p. 69, Nota 1). Entretanto não existe, do ponto de vista etimológico, nenhuma conexão próxima entre *cronos* e *crono*, e não parece provável que (Aristóteles) fizesse de um trocadilho ruim a base de um item importante da teologia, embora pareça ser esta a explicação geralmente dada. Independentemente de como tenha sido a história do culto a Cronos – e disto nada sabemos – o fato de que, em um determinado período, Cronos tenha sido considerado o símbolo do Tempo deve certamente implicar que existia alguma coisa no caráter mitológico de Cronos que era apropriada ao caráter de um Tempo personificado. É-nos, porém, difícil entender isto. Cronos aparece para nós como um caráter inteiramente desonroso, com nenhuma afinidade temporal óbvia.

Recapitulemos rapidamente as estórias a ele relacionadas:

1. Cronos, Rei dos Titãs, era filho de Urano (céu) e Ge (terra). À medida que suas crianças iam nascendo, Urano as empurrava de volta para o corpo de Ge. Para escapar a esta gravidez prolongada, Ge armou Cronos com uma segadeira com a qual ele castrou seu pai. O sangue do falo sangrento caiu no mar e da espuma nasceu Afrodite (fecundidade universal).

2. Cronos gerou filhos de sua irmã, Rhea. À medida que eles nasciam, ele os engolia. Quando Zeus, o mais jovem, nasceu, Rhea enganou Cronos dando-lhe uma pedra (fálica) enrolada em um pano, ao invés de uma criança. Cronos engoliu a pedra em lugar da criança recém-nascida. Assim Zeus cresceu. Quando Zeus ficou adulto, Cronos vomitou as crianças que engolira, que eram: Hades, Poseidon, Hestia, Hera, Deméter e também o falo de pedra, o qual se tornou um objeto de culto em Delfos. Zeus rebelou-se, então, contra o Rei Cronos e derrubou-o; de acordo com uma versão, Zeus o castrou. Sujeitado, Cronos tornou-se, apesar disso, o benéfico governante dos Campos Elísios, a residência dos mortos abençoados (FRAZER, 1915; ROSCHER, 1884; NILSSON, 1955, pp. 510-517).

3. Quando o Rei Cronos governava, havia homens mas não havia mulheres; Pandora, a primeira mulher, foi criada de acordo com as instruções de Zeus. A era de Cronos foi uma era dourada, de fartura e felicidade, quando os campos produziam sem serem cultivados. Como não havia mulheres, não havia discórdia! Nossa era presente, a era de Zeus, terminará um dia e, então, o reino de Cronos será restaurado. Nesse momento, os homens deixarão de envelhecer: eles rejuvenescerão. O tempo repetir-se-á de maneira inversa: os homens nascerão de suas sepulturas. As mulheres, mais uma vez, deixarão de ser necessárias, e a discórdia desaparecerá do mundo (HASTINGS, 1908).

4. Pouco sabemos sobre os rituais de Cronos. Em Atenas, o mais importante era o festival conhecido como Cronia. Ocorria no tempo da colheita, no primeiro mês do ano, e parece ter sido uma espécie de celebração do Ano Novo. Assemelhava-se de algum modo às saturnais dos romanos (o Cronos grego e o Saturno romano foram mais tarde considerados idênticos). Seu principal aspecto parece ter sido uma inversão ritual de papéis – os senhores atendendo aos escravos e assim por diante (em geral, veja Nilsson, *op. cit.*)

O que há nisto tudo que faz de Cronos um símbolo apropriado para o Tempo? A terceira estória contém, certamente, um tema a respeito do tempo; como isto se relaciona com as duas primeiras estórias? É claro que o tempo que está envolvido não é o tempo tal como tendemos geralmente a considerá-lo – um contínuo interminável do passado ao futuro. O tempo de Cronos é uma oscilação, um tempo que vai e vem, que nasce e é engolido e é vomitado, uma oscilação do pai para a mãe, da mãe para o pai, repetidamente.

Alguns aspectos da estória enquadram-se muito bem com os pontos de vista de Frazer e Jane Harrison a respeito de Espíritos dos Cereais e Espíritos do Ano (*eniautos daimon*) (FRAZER, *op. cit.*; HARRISON, 1912). Cronos, como divino segador, corta as "sementes" do "tronco" para que a Mãe Terra produza sua colheita. Além do mais, desde que a colheita é logicamente o fim de uma sequência do tempo, é bastante compreensível que, dada a noção de tempo como oscilação, a mudança do fim do ano para o começo do ano devesse ser simbolizada por uma inversão dos papéis sociais – no ponto final de qualquer tipo de oscilação, tudo se inverte. Mesmo assim, a interpretação em tempo de mágica da vegetação e simbolismo da natureza não nos leva muito longe. Frazer e Jane Harrison contam seus Espíritos dos Cereais e Espíritos do ano às dúzias e mesmo que Cronos pertença à família geral, isto não explica por que Cronos e não nenhum dos outros, deveria ser especificamente identificado como o símbolo do Tempo personificado.

Minha própria explicação é de um tipo mais estrutural. FRANKEL (1955) mostrou que as ideias iniciais dos gregos a respeito do tempo sofreram um desenvolvimento considerável. Em Homero, *crono* refere-se a períodos de tempo vazio e é diferenciado dos períodos de atividade, os quais são pensados como sendo dias (*ephemeros*). Na época de Píndaro, esta distinção verbal havia desaparecido, mas persistia uma tendência a considerar o tempo como uma "alternativa entre contrários", ativo e inativo, bom e mau. Isto está explícito em Arquíloco (século VII a.C). No período clássico esta ideia passou por outros desenvolvimentos, de tal modo, que na linguagem filosófica tempo era uma oscilação de vitalidade entre dois polos contrários. A argumentação de Platão em *Fédon* deixa isto particularmente claro. Dada esta premissa, segue-se logicamente que o "começo do tempo" ocorreu naquele instante em que, a partir de uma unidade inicial, foi criada não só uma oposição polar como também a vitalidade sexual que oscila entre um e outro – não só Deus e a Virgem, mas também o Espírito Santo (cf. CORNFORD, 1926).

A maioria dos comentadores do mito de Cronos notou simplesmente que Cronos separa o Céu da Terra, mas na ideologia que venho discutindo, a criação do tempo envolve mais do que isto. Não apenas os machos devem ser distinguíveis das fêmeas como também deve-se postular um terceiro elemento, móvel e vital, que oscila entre os dois. Parece claro que os gregos consideravam este terceiro elemento na forma concreta e explícita do sêmen masculino. A chuva é o sêmen de Zeus; e o fogo é o sêmen de Efesto; as oferendas aos mortos (*panspermia*) eram cestas de sementes misturadas com emblemas fálicos (HARRISON, 1912, 1922); Hermes, o mensageiro dos deuses – que leva as almas para o Hades, e traz de volta as almas dos mortos – é ele mesmo simplesmente um falo e uma cabeça e nada mais.

Este último elemento simbólico é encontrado, de maneira recorrente, em muitos sistemas mitológicos. A lógica disto parece clara. Na representação pictórica crua, é a presença ou ausência de um falo que distingue o homem da mulher. Assim, se o tempo é representado como uma sequência de inversões de papéis, "fazem sentido" as estórias de castração ligadas com a noção de um falo trapaceiro que balança de um lado para outro da dicotomia. A acreditar em Kerenyi e Jung, existem explicações psicológicas para o fato de que o "mensageiro dos deuses" devesse ser em parte um palhaço, em parte uma fraude e, em parte, um falo isolado (veja RADIN, 1956, pp. 173-211); mas estou preocupado aqui apenas com uma questão de lógica simbólica. Se o tempo for considerado como uma alteração, então os mitos a respeito das inversões de sexo são representações do tempo.

Dado este conjunto de metáforas, o mito de Cronos *faz* dele "o criador do tempo". Ele separou o céu da terra, mas separou ao mesmo tempo o princípio vital masculino que, ao cair no mar, inverteu-se e transformou-se no princípio feminino da fecundidade. Como era de se esperar, a parte chocante da primeira estória e que, à primeira vista, parece uma glosa desnecessária, contém o tema realmente crucial. O mesmo ocorre na segunda estória onde as atividades de Cronos, engolindo e vomitando, servem para criar três categorias separadas – Zeus, os opostos polares de Zeus e um falo material. Não é acidental que os *siblings* de Zeus, duas vezes nascidos, sejam essas cinco divindades que foram nomeadas; pois cada uma delas é o "contrário" de Zeus em um de seus principais aspectos reconhecidos. As três mulheres são três aspectos da feminilidade: Hestia, a virgem; Hera, a esposa; Deméter, a mãe. Elas são os opostos de Zeus em seus papéis de jovem divino (*kouros*), marido divino, pai divino, filho divino (Dionísio). Hades, senhor dos mortos e do submundo é o oposto de Zeus, senhor dos vivos e do dia claro. Poseidon, que faz a terra tremer, deus do mar (água salgada), é o oposto de Zeus, que faz os céus tremerem (que faz trovões), deus da chuva e do orvalho.

O tema da criança que é engolida (total ou parcialmente) por seu pai e que teve, em consequência, um segundo nascimento, aparece inesperadamente em outras partes da mitologia grega – no caso de Atenas e Dionísio, por exemplo. O peculiar na estória de Cronos é que o tema serve para estabelecer uma imagem mitológica de contrários interrelacionados, um tema que recorre repetidamente na filosofia grega madura. O trecho que se segue está de acordo com a versão brasileira de *Fédon* feita por Jorge Paleikat e João Cruz Costa:

– ... Assim obtemos este princípio geral de toda geração, segundo o qual é das coisas contrárias que nascem as coisas que lhes são contrárias.

– Efetivamente.

– E agora dize-me além disso, não ocorre com essas coisas mais ou menos o seguinte: entre um e outro contrário não há, em todos os casos, uma vez que são dois, uma dupla geração, uma que vai de um desses contrários ao seu oposto, enquanto outra, inversamente, vai do segundo para o primeiro? (Tradução de Jorge Paleikat e João Cruz Costa).

Para os homens que pensavam nestes termos, "o começo" seria a criação de contrários, ou seja, a criação do homem e da mulher não como irmão e irmã, mas como marido e esposa. Minha tese é, pois, o que a filosofia de *Fédon* já estava implícita nos detalhes sangrentos do mito de Cronos. O mito é um mito da criação; não é uma história do começo do mundo, mas uma história do começo do tempo, do começo do devir.

Embora o clima possa parecer pouco familiar, este tema não é destituído de relevância para certos tópicos da discussão antropológica. Existe, por exemplo, a doutrina de Radcliffe-Brown a respeito da identificação de gerações alternadas, pela qual um avô e um neto tendem a exibir solidariedade em oposição ao pai interveniente. Há também a ênfase que Lévi-Strauss deu ao casamento como um símbolo de aliança entre grupos de outra maneira opostos (LÉVI-STRAUSS, 1945). Tais argumentos, quando reduzidos à sua forma algébrica bem abstrata, podem ser representados por um diagrama tal como este:

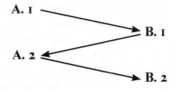

No argumento de Radcliffe-Brown, os A e os B, que são opostos ainda que ligados, são as gerações alternadas de uma linhagem; no de Lévi-Strauss, os A e os B são as pessoas de sexo masculino de grupos rivais de parentes, aliados pelo intercâmbio de mulheres.

Minha tese tem sido que os gregos tendiam a conceitualizar o processo temporal como um ziguezague deste mesmo tipo. Associavam Cronos com a ideia de tempo porque, num sentido estrutural, seu mito representa a separação de A de B e uma criação da seta inicial A ⟶ B, o começo da vida, que é, também, o começo da morte. É também relevante e enquadra-se perfeitamente que Heráclito devesse definir "uma geração" como um período de trinta anos, sendo isto calculado "como o intervalo entre a procriação de um filho por seu pai e a procriação de um filho do filho pelo filho", intervalo isto é: A. 1 ⟶ B. 1 ⟶ A. 2 (FRANKEL, 1955, pp. 251-2).

Não quero sugerir que todos os povos primitivos pensem necessariamente assim a respeito do tempo, mas é certo que alguns o fazem. Os Kachin, que mencionei anteriormente, têm uma palavra, *majan*, que deve significar, literalmente, "assunto feminino". Eles usam-na em três contextos principais para significar (a) guerra, (b) uma canção de amor, e (c) as linhas trançadas de um tear. Isto parece-nos uma concatenação singular, embora eu imagine que os gregos entendê-la-iam muito bem. Penélope senta-se a seu tear, a lançadeira vai para frente e para trás, para frente e para trás, amor e guerra, amor e guerra, e o que ela tece? Você pode adivinhá-lo sem olhar a sua *Odisseia* – uma *mortalha*, é claro o tempo de Todo Homem. "É o amor que faz o mundo girar; mas as mulheres são a raiz de todo mal." (ONIANS, *op. cit.* ref. a *Kairos.* O grego Ares, Deus da Guerra, era o amante de Afrodite, deusa do amor).

II. O Tempo e os Narizes Falsos

Meu quebra-cabeça é, em poucas palavras, o que se segue. Em toda parte do mundo os homens marcam seus calendários através de festivais. Nós mesmos começamos cada semana com um domingo e cada ano com uma festa à fantasia. Divisões comparáveis em outros calendários são marcadas por comportamentos comparáveis. As variedades de comportamento envolvidas são bem limitadas, ainda que curiosamente contraditórias. As pessoas vestem-se com uniformes ou com roupas gozadas; comem comida especial ou jejuam; comportam-se de modo comedido e solene, ou condescendem em abusos.

Ritos de passagem, que marcam o desenvolvimento social do indivíduo – rituais de nascimento, puberdade, casamento, morte – são frequentemente similares. Aqui, também, encontramos vestimenta especial (uniforme apurado, ou fantasias engraçadas), comida especial (festa ou jejum), comportamento especial (sobriedade ou abuso). Agora, por quê?

Por que deveríamos demarcar o tempo deste modo? Por que deveria parecer apropriado usar cartolas nos funerais, e narizes falsos nos aniversários e no *Réveillon?*

Frazer explicava tais comportamentos como sobrevivências das magia primitiva. Frazer pode estar certo, mas é inadequado. Não basta explicar um fenômeno mundial em termos de crenças particulares, localizadas e arcaicas.

O que há de mais singular a respeito do tempo é certamente que tenhamos, de algum modo, tal conceito. Experimentamos o tempo, mas não com os nossos próprios sentidos. Nós não o vemos, nem o tocamos, nem o cheiramos, nem o degustamos, nem o ouvimos. Como, então? De três modos:

Em primeiro lugar, nós reconhecemos a repetição. Gotas d'água caindo do teto; elas não são sempre a mesma gota, mas sim diferentes. Porém, para reconhecê-las como sendo diferentes devemos distinguir primeiramente e portanto definir intervalos de tempo. Os intervalos de tempo, as durações, sempre começam e terminam com "a mesma coisa", uma pulsação, uma badalada de relógio, um dia de Ano Novo.

Em segundo lugar, nós reconhecemos, ao envelhecer, a entropia. Todas as coisas vivas nascem, envelhecem e morrem. O envelhecimento é um destino irreversível de todos nós. Mas envelhecimento e intervalo são, com certeza, duas espécies bastante diferentes de experiências? Penso que agrupamos estas duas experiências e descrevemos a ambas por um único nome, tempo, porque gostaríamos de crer que de algum modo místico o nascimento e a morte são realmente a mesma coisa.

Nossa terceira experiência de tempo diz respeito à velocidade com a qual o tempo passa. Isto é sutil. Há indícios seguros de que o indivíduo biológico envelhece a um passo que está sempre diminuindo em relação à sequência do tempo estelar. O sentimento tido pela maioria de nós de que os primeiros 10 anos da infância "duraram muito mais" do que a década héctica dos 40-50 não é ilusão. Os processos biológicos, tais como a cicatrização de uma ferida, operam muito mais rapidamente (em termos do tempo estelar) durante a infância do que na velhice. Mas desde que nossas sensações estão engrenadas aos nossos processos biológicos mais do que às estrelas, a carruagem do tempo parece avançar a uma velocidade cada vez maior.

Este fluxo irregular do tempo biológico não é meramente um fenômeno de intuição pessoal; ele é observável no mundo orgânico que nos rodeia. O crescimento das plantas é muito mais rápido no começo do que no fim do ciclo vital; o amadurecimento da semente e a germinação da semente espalhada procedem em graus de desenvolvimento bastante diferentes.

Tais fatos mostram-nos que a regularidade do tempo não é uma parte intrínseca da natureza; é uma noção fabricada pelo homem, que nós projetamos em nosso ambiente para os nossos próprios objetivos particulares. A maior parte dos povos primitivos pode não ter nenhuma sensação de que as estrelas, em seus percursos, fornecem um cronômetro fixo, pelo qual se pode medir todos os assuntos da vida. É, ao contrário, a própria rotação do ano, a sequência anual das atividades econômicas, que fornece a medida do tempo. Em tal sistema, desde que o tempo biológico é errático, as estrelas podem parecer distintamente temperamentais. A lógica da astrologia não é uma lógica de extremo fatalismo, mas, particularmente, nunca se pode estar muito seguro do que as estrelas farão em seguida.

Mas se não há nada no princípio da coisa, ou na natureza da nossa experiência para sugerir que o tempo deva necessariamente fluir, passando a uma velocidade constante, não se exige de nós, em absoluto, que consideremos o tempo como um fluxo constante. Por que o tempo não deveria diminuir e parar ocasionalmente, ou mesmo, retroceder?

Concordo que, em um sentido científico estrito, é bobagem pretender que o nascimento e a morte são a mesma coisa, ainda que, sem dúvida, muitos dogmas religiosos impliquem em sustentar precisamente isto. Além do mais, a fantasia de que ao nascimento segue-se à morte não está restrita às crenças a respeito do porvir, ela aparece também no padrão do próprio ritual religioso. Aparece não apenas nos *ritos de passagem* (onde o simbolismo é, frequentemente, bastante óbvio) mas também em uma alta proporção de ritos de sacrifício de caráter sacramental. As generalizações propostas inicialmente por Hubert e Mauss e Van

205

Gennep têm uma validade amplamente disseminada; o rito como um todo encaixa-se em seções, uma morte simbólica, um período de reclusão ritual, um renascimento simbólico.

Agora, os *ritos de passagem*, que estão relacionados com a demarcação dos estágios do ciclo vital humano devem, claramente, estar ligados com alguma espécie de representação ou conceptualização do tempo. Mas o único quadro do tempo que poderia tornar esta identificação morte-vida logicamente plausível é um conceito de tipo pendular. Todas as espécies de metáforas pictóricas foram produzidas para representar o tempo. Elas variam do rio de Heráclito às esferas harmônicas de Pitágoras. Você pode pensar o tempo como indo e vindo, ou pode pensá-lo como rodando e rodando. Tudo o que estou dizendo é que, de fato, um grande número de povos considera o tempo como indo para trás e para a frente.

Com uma visão pendular do tempo, a sequência das coisas é descontínua; o tempo é uma sucessão de alternações e paradas. Os intervalos são distintos, não como os marcos de sequência em uma régua de medida, mas como opostos repetidos, tique-taque, tique-taque. E nossas experiências mais elementares do fluxo de tempo são, certamente, desta espécie: dia-noite dia-noite; quente-frio quente-frio; molha-do-seco molhado-seco. Apesar da palavra *pêndulo*, esta espécie de metáfora não é sofisticada; a essência do assunto não é o pêndulo, mas a alternação. Eu sustentaria que a noção de que o tempo é uma "descontinuidade de contrastes repetidos" é provavelmente a mais elementar e primitiva de todas as maneiras de encarar o tempo.

Tudo isto é sociologia durkheimiana ortodoxa. Para os povos que não possuem calendários do tipo *Nautical Almanac*, o curso do ano é marcado por uma sucessão de festivais. Cada festival representa, para um verdadeiro durkheimiano, uma mudança temporária da ordem Normal-Profana da existência para a ordem Anormal-Sagrada e retroativamente. O fluxo total do tempo pode, então, ser representado por um diagrama tal como este (Fig. 17):

Este fluxo de tempo é fabricado pelo homem. É ordenado deste modo pelas Sociedades (as "pessoas morais" para usar a terminologia durkheimiana), as quais participam dos ritos festivos. Os próprios ritos, especialmente os ritos de sacrifício, são técnicas para mudar o *status* da pessoa moral de profano a sagrado, ou de sagrado a profano. Vista desta maneira durkheimiana, a sequência total engloba quatro fases distintas ou "estados da pessoa moral".

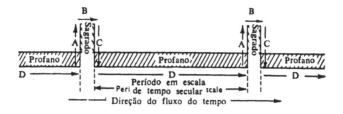

Fig. 17

Fase A. O rito de sacralização, ou separação. A pessoa moral é transferida do mundo Secular-Profano para o mundo Sagrado; ela "morre".

Fase B. O estado marginal. A pessoa moral está numa condição sagrada, uma espécie de animação em suspensão. O tempo social ordinário parou.

Fase C. O rito de dessacralização, ou agregação. A pessoa moral é trazida de volta do mundo Sagrado para o Profano; ela é "renascida", o tempo secular começa de novo.

Fase D. Esta é a fase da vida secular normal, o intervalo entre festivais sucessivos.

Quanto a Durkheim, é suficiente. Mas onde entram os chapéus gozados? Bem, deixem-me chamar sua atenção para três aspectos na argumentação teórica que se segue.

Quero, primeiramente, enfatizar que entre as várias funções que a celebração de festivais pode preencher, uma função muito importante é a da ordenação do tempo. O intervalo entre dois festivais sucessivos do mesmo tipo é um "período", geralmente um período que tem nome, por exemplo, "semana", "ano". Sem os festivais, tais períodos não existiriam, e toda a ordem sairia da vida social. Falamos na medida do tempo, como se o tempo fosse uma coisa concreta à espera de ser medida; mas de fato nós *criamos o tempo* através da criação de intervalos na vida social. Até que tivéssemos feito isto, não havia tempo para ser medido.

Em segundo lugar, não deve ser esquecido que, da mesma forma como os períodos seculares começam e terminam com festivais, os próprios festivais têm seus fins e seus inícios. Se quisermos apreciar quão claramente a festividade serve para ordenar o tempo, devemos considerar o sistema como um todo e não, apenas, festivais individuais. Observe por exemplo como os 40 dias entre o Carnaval (Terça-Feira Gorda) e a Páscoa são equilibrados pelos 40 dias entre a Páscoa e a Ascensão, e como a Véspera do Ano Novo cai precisamente entre a Véspera de Natal e o Dia de Reis. Os historiadores podem dizer-lhe que intervalos equilibrados, tais como estes, são simples acidentes, mas será que a história é realmente tão engenhosa?

E, em terceiro lugar, há o assunto dos narizes falsos, ou para ser mais acadêmico, da inversão de papéis. Se aceitarmos a análise durkheimiana da estrutura do ritual que esbocei acima, segue-se, então, que os rituais da Fase A e os rituais da Fase C deveriam, em algum sentido, ser o reverso um do outro. Similarmente, de acordo com o diagrama, a Fase B deveria ser, de algum modo, o oposto lógico da Fase D. Mas lembrem-se que a Fase D é meramente a vida secular ordinária. Neste caso um comportamento ritual logicamente apropriado para a Fase B seria representar a vida normal às avessas.

Agora, se olharmos os tipos gerais de comportamento que realmente encontramos em ocasiões rituais, podemos distinguir imediatamente três espécies, aparentemente contraditórias. Por um lado, há comportamentos nos quais a formalidade é aumentada; os homens adotam um uniforme formal, as diferenças de *status* são, precisamente, demarcadas por vestimenta e etiqueta, as regras morais são rigorosa e ostensivamente obedecidas. Um Domingo Inglês, a cerimônia religiosa no casamento inglês, a Procissão da Coroação, as cerimônias de Graduação Universitária, são exemplos da espécie de coisa a que estou me referindo.

Em contraste direto, encontramos celebrações do tipo Festa à Fantasia, mascaradas, folias. Aqui o indivíduo, ao invés de enfatizar sua personalidade social e seu *status* oficial, procura disfarçá-lo. O mundo se mascara, as regras formais da vida ortodoxa são esquecidas.

E finalmente, em poucos e relativamente raros exemplos, encontramos uma forma extrema de folia, na qual os participantes atuam como se fossem precisamente o oposto do que eles na verdade são; homens atuam como mulheres, mulheres como homens, reis como mendigos, servos como senhores, acólitos como bispos. Em tais situações de orgia verdadeira, a vida social normal é interpretada às avessas, com todas as formas de pecado, tais como incesto, adultério, travestismo, sacrilégio e lesa-majestade, tratadas como a ordem natural do dia.

Denominamos estes três tipos de comportamento ritual de (1) formalidade, (2) mascarada, (3) inversão de papel. Embora eles sejam conceitualmente distintos como espécies de comportamento, estão na prática estritamente ligados. Um rito que começa com formalidade (por exemplo, um casamento) é passível de terminar em mascarada; um rito que começa com mascarada (por exemplo, Véspera de Ano Novo, Carnaval), é passível de terminar em formalidade. Nestes dias puritanos, uma inversão explícita de papel não é comum em nossa própria sociedade, mas é bastante comum na literatura etnográfica e nos relatos da Europa Medieval. Encontrar-se-ão tais comportamentos associados com funerais, ou com ritos de passagem (funerais simbólicos) ou com o fim do ano (por exemplo, na Europa: as Saturnais e a Festa dos Bobos).

Minha tese é, então, que *formalidade* e *mascarada*, consideradas conjuntamente, formam um par de opostos contrários e correspondem, em termos do meu diagrama, ao contraste entre a Fase A e a Fase C. A *inversão de papel*, por outro lado, corresponde à fase B. Ela é simbólica da transferência completa do secular para o sagrado; o tempo normal parou, o tempo sagrado é representado às avessas, a morte é convertida em nascimento. Este simbolismo do Bom Rei Venceslau é algo que está espalhado por todo o mundo porque tem um sentido lógico, independentemente de quaisquer tradições folclóricas, particulares ou de quaisquer crenças mágicas particulares.

REFERÊNCIAS

AIYAPPAN, A., 1934. "Cross-Cousin and Uncle-Niece Marriages in South India". *Congr. Int. Sei. Anthrop. Ethn.* Londres.

___ 1937. "Polyandry and Sexual Jealousy". *Man*, 130.

___ 1945. *Iravas and Culture Change, Bull. Madras Gov. Mus.* N.S. General Section, Vol. V. Nº 1.

ANDERSON, J., 1876. *Mandalay to Momein.* Londres.

(ARISTÓTELES), *de Mundo*, (Capítulo 7).

BELL, SIR CHARLES, 1928. *The People of Tibet.* Oxford.

BERNDT, C., 1955. "Murngin (Wulamba) Social Organisation". *Amer. Anthrop.* 57.

___ 1957. "In reply to Radcliffe-Brown on Australian Local Organisation". *Amer. Anthrop.* 59.

BOHANNAN, L. e P., 1953. *The Tiv of Central Nigeria.* Londres.

BOSE, J. K., 1934a. "Social Organisation of the Aimol Kukis". *J. Dep. Letters*, 25. Calcutá.

___ 1934b. "Dual Organisation in Assam". *J. Dep. Letters*, 25. Calcutá.

___ 1936. "The Nokrom System of the Garos of Assam". *Man*, 37.

___ 1937a. "Origin of Tri-clan and Marriage Classes in Assam". *Man*, 37.

___ 1937b. "Marriage Classes among the Chirus of Assam". *Man*, 37.

BROWN, G. GORDON e BARNETT, J. H., 1942. "Social Organisation and Social Structure". *Amer. Anthrop.*, Vol. XL, pp. 30-36.

CAMERON, A. A., 1911. "A Note on the Palaungs of the Kodaung Hill Tracts of the Momeik State". "BURMA", *Census of India*, Vol. IX, parte 1, Ap. A.

CARNAP, R., 1958. *Introduction to Symbolic Logic and its Applications.* New York.

CARRAPIETT, W. J. S., 1929. *The Kachin Tribes of Burma.* Rangum.

CARY, H., 1910. *Phaedo* traduzido por Henry Cary *in Five Dialogues of Plato bearing on Poetic Inspiration.* Everyman's Library. Londres.

Census of Ceylon, 1946. Vol. I, Parte 2, *Statistical Digest.* Colombo.

CHATTOPADHAYA, K. P., 1931. "Contact of Peoples Affecting Marriage Rules". *Près. Add. anthrop. Sec. Indian Sci. Congr.*

COLE, F. C, 1945. *Peoples of Malaysia.* New York.

CORNFORD, F. M., 1926. "Mistery Religions and Pre-Socratic Philosophy". *Cam. Hist. Magazine*, Vol. 14.

DAS, T. C, 1935. "Kinship and Social Organisation of the Purum Kukis of Manipur". *J. Dep. Letters*, 28. Calcutá.

___ 1945, The Purums. Calcutá.

DEACON, A. B., 1927. "The Regulation of Marriage in Ambryn". *J. Roy. Anthrop. Inst.* 57.

D'OYLY, JOHN, 1929. *A Sketch of the Constitution of the Kandyan Kingdom (Ceylon).* Colombo.

DUMONT, L., 1957a. *Une Sous-Caste de Vinde du Sud.* Paris.

___ 1957b. "Hierarchy and Marriage Alliance in South Indian Kinship". *Occ. Papers, J. Roy. Anthrop. Inst.*

ELKIN, A. P., 1933. "Marriage and Descent in Eastern Ar-nhem Land". *Oceania*, 3.

___ 1953. "Murngin Kinship Re-examined". *Amer. Anthrop.* 55.

ELKIN, A. P., e BERNDT, C. e R., 1950. *Art in Arnhem Land.* Melbourne e Chicago.

___ 1951. "Social Organisation in Arnhem Land". *Man*, 51, 249.

EVANS-PRITCHARD, E. E., 1940. *The Nuer.* Oxford.

___ 1945. "Some Aspects of Marriage and the Family among the Nuer". *Rhodes Livingstone Papers Nº 11.*

FEI, H. T., 1939. *Peasant Life in China.* Londres.

FIRTH, R., 1936. *We, the Tikopia.* Londres.

___ 1951a. Resenha do artigo de Fortes, M., *The Web of Kinship among the Tallensi* in *Africa*, 21, 155-159.

___ 1951b. Resenha do artigo de Elkin e Berndt, *Art in Arnhem Land* in *Man*, 51, pág. 76.

___ 1955. *The Fate of the Soul* (The Frazer Lecture for 1951). Cambridge.

___ 1959. "Problem and Assumption in the Anthropological Study of Religion". *J. Roy. Anthrop. Inst.* 89.

FISCHER, H. TH., 1935. "De Aanverwantschap bij eenige volken van de Nederlands-Indische Archipel". *Mensch en Maatschappij*, 11.

___ 1936. "Het asymmetrisch cross-cousin huwelijk in Nederlands Indie". *Tijds., Indisch. Taal-, Land-, Volenk*, 76.

___ 1950. "The Concept of Incest in Sumatra". *Amer. Anthrop.* 52.

___ 1952. "Polyandry". *Int. Arch. Ethnog.* Vol. XLVI. Nº 1.

FORDE, DARYLL, 1950. "Double Descent among the Yakö". *African Systems of Kinship and Marriage*, Radcliffe-Brown e Forde (ed.), Oxford.

FORTES, M., 1945. *The Dynamics of Clanship among the Tallensi.* Londres.

___ 1949. "Time and Social Structure: an Ashanti Case Study". *Social Structure*, Fortes (ed.).

___ 1950. "Kinship and Marriage among the Ashanti". *African Systems of Kinship and Marriage*, Radcliffe-Brown e Forde (ed.). Oxford.

___ 1953. "The Structure of Unilineal Descent Groups". *Amer. Anthrop.* Vol. LV.

___ 1959a. *Oedipus and Job in West African Religion.* Cambridge.

___ 1959b. "Descent, Filiation and Affinity: a Rejoinder to Dr. Leach". *Man*, 59.

FORTUNE, R. F., 1933. "A Note on Some Forms of Kinship Structure". *Oceania*, 4.

FRANKEL, H., 1955. *Wege und Formen Früh-Griechischen Denkens.* Munique.

FRAZER, SIR J. G., 1915. *The Golden Bough.* 3ª edição. Londres.

___ 1918. *Folklore in the Old Testament.* Londres.

FREEDMAN, M., 1958. *Lineage Organisation in Southeastern China.* Londres.

GEORGE, E. C. L, 1891. "Memorandum on the Tribes Inhabiting the Kachin Hills", e "Memorandum on the Kachins of our Frontier". *Census of India* 'BURMA', Vol. I, Ap. IV, X.

GIFFORD, E. W., 1916. "Miwok Moieties". *Amer. Archaeol. ethn.* 12.

___ 1922. "California Kinship Terminologies". *Amer. Archaeol. ethn.* 18.

GILHODES, C, 1911. "Naissance et Enfance chez les Katchins (Birmanie)". *Anthropos*, Vol. VI, pp. 868-884.

___ 1913. "Marriage et condition de la Femme chez les Katchins (Birmanie)". *Anthropos*, Vol. VIII, pp. 363-375.

___ 1922. *The Kachins: Religion and Customs.* Calcutá.

GLUCKMAN, M., 1950. "Kinship and Marriage among the Lozi of Northern Rhodesia and the Zulu of Natal" in *African Systems of Kinship and Marriage*, Radcliffe-Brown e Forde (ed.). Londres.

GOODY, J., 1956a. "A Comparative approach to Incest and Adultery". *Brit. Jour. Soc.* 7. 1956b. *The Social Organization of the LoWilli.* Londres.

___ 1959. "The Mother's Brother and the Sister's Son in West Africa". *J. Roy. Anthrop. Inst.* 89.

GOUGH, E. KATHLEEN, 1952. "Changing Kinship Usages in the Setting of Political and Economic Change among the Nayars of Malabar". *J. Roy. Anthrop. Inst.* 82.

____ 1955. "The Traditional Lineage and Kinship Systems of the Nayar". (Manuscrito não publicado; Biblioteca Haddon, Cambridge).

____ 1959. "The Nayars and the Definition of Marriage". *J. Roy. Anthrop. Inst.* 89.

GRANET, M., 1939. "Catégories matrimoniales et relations de proximité dans la Chine ancienne". *Ann. Sociol.* Série B, Fasciculos 1-3.

HAAR, B. TER, 1948. *Adat Law in Indonesia.* New York.

HANSON, O., 1906. *A Dictionary of the Kachin Language.* Rangum.

____ 1913. *The Kachins: their Customs and Traditions.* Rangum. HARRISON, JANE, 1912. *Themis.* Cambridge.

____ 1922. *Prolegomena to the Study of Greek Religion.* 3ª ed. Cambridge.

HASTINGS, J. (Ed.). 1908. *Encyclopaedia of Religion and Ethics.* Edimburgo. I. "Ages of the World (Greek and Roman)", pp. 192-200.

HEAD, W. R., 1917. *Handbook of the Haka Chin Customs.* Rangum.

HERTZ, H. F., 1902. *A Practical Handbook of the Kachin or Chingpaw Language etc. – with an Appendix on Kachin Customs, Laws and Religion.* Rangum. Reimpresso fotostaticamente em Calcutá, 1943.

HILL-TOUT, C, 1907. *British North America.* Londres.

HOBBES, T., 1957. *Leviathan,* Oakshott (ed.). Oxford.

HODSON, T. C, 1921. "The Garo and Khasi Marriage Systems Contrasted". *Man in India,* 1.

____ 1922. *The Primitive Culture of India.* Londres.

____ 1925. "Notes on the Marriage of Cousins in India". *Man in India,* 5.

HOMANS, G. C, 1951. *The Human Group.* Londres.

HOMANS, G. C. e SCHNEIDER, D. M., 1955. *Marriage, Authority and Final Causes.* Chicago.

HOYLE, F., 1950. *The Nature of the Universe.* Cambridge.

HSU, F. L. K., 1940. "Concerning the Question of Matrimonial Categories and Kinship Relationship in China". *Tien Hsia Monthly,* 11. Xangai.

____ 1945. "Observations on Cross-Cousin Marriage in China". *Amer. Anthrop.* 47.

HUBERT, H. e MAUSS, M., 1909. "Étude sommaire de la représentation du temps dans la religion et la magie". *Mélanges d'histoire des religions.* Paris.

HUTTON, J. H., 1921a. *Census of India,* 3. *Assam.* Apêndice B.

____ 1921b. *The Sema Nagas.* Londres.

JOSSELIN DE JONG, P. E. DE, 1951. *Minangkabau and Negri Sembilan.* Leiden.

JOSSELIN DE JONG, J. P. B. DE, 1952. *Lévi-Strauss's Theory on Kinship and Marriage,* Leiden.

JOUSTRA, M., 1911. *Batakspiegel.* Leiden.

KAWLU MA NAWNG, 1943. *The History of the Kachins of the Hukawng Valley,* Leyden (ed.). Bombaim.

KRADER, I., 1956. "Corporate Groups and the Organization of Inner Asian Society". Artigo lido em Filadélfia no 5º Int. Congr. Anthrop. Ethn. Sci.

KRIGE, J. D., 1939. "The Significance of Cattle Exchanges in Lovedu Social Structure". *Africa*, 12.
KRIGE, E. J. e J. D., 1943. *The Realm of the Rain Queen*. Oxford.
KROEBER, A. L., 1938. "Basic and Secondary Patterns of Social Structure". *J. Roy. Anthrop. Inst.* 68, 299-310.
KULP, D. H., 1925. *Country Life in South China: The Sociology of Familism*. Vol. I. New York.
LANG, A. 1887. *Myth, Ritual and Religion*. 2 Vols. Londres.
LAWRENCE, W. E. e MURDOCK, G. P., 1949. "Murngin Social Organisation". *Amer. Anthrop.* 51.
LEACH, E. R., 1945. "Jinghpaw Kinship Terminology" (re-impresso como capítulo 2 deste livro).
___ 1951. "The Structural Implications of Matrilateral CrossCousin Marriage" (reimpresso como capítulo 3 deste livro).
___ 1954. *Political Systems of Highland Burma*. 2ª ed. 1965. Londres.
___ 1957. "On Asymmetrical Marriage Systems". *Amer. Anthrop*. Vol. 59, 343.
___ 1958. "Concerning Trobriand Clans and the Kinship Category Tabu' " in *The Developmental Cycle of Domestic Groups*, Goody (ed.). *Cam. Papers in Soc. Anth.* Nº 1. Cambridge.
___ 1960. Letter in *Man*. Jan. 1960.
LÉVI-STRAUSS, C, 1945. "L'Analyse structurale en Linguistique et Anthropologie" *Word*, 1.
___ 1949. *Les Structures élémentaires de la parenté*. Paris.
___ 1953. "Social Structure", in *Anthropology Today*, Kroeber (ed.). Chicago.
___ 1955. "The Structural Study of Myth". *Joum. Amer. Folklore*.
LI AN-CHE, 1947. "Dege: A Study of Tibetan Population". *Southw. Journ. Anthrop*. Vol. III. 4.
LOEB, E. M., 1935. "Sumatra: its History and People". *Wiener Beitr.* Kulturges Linguistic. 3.
LOWIE, R. H., 1929. "Relationship Terms", *Encycl. Brit.*, 14ª ed. Vol. XIX.
MABUCHI, T., 1958. "Two types of Kinship Rituals among Malayo--Polynesian Peoples". 9º Int. Cong. Inst. Rel. Tóquio.
MCLENNAN, J. F., 1876. *Studies in Ancient History* (Primeira série, contendo uma reedição de *Primitive Marriage* (1865) etc.). Londres.
MALINOWSKI, B., 1913. *The Family among the Australian Aborigines*. Londres.
___ 1930. "Parenthood – The Basis of Social Structure" in *The New Generations* Calverton, V. F. e Schmalhausen, S. D. (ed.). New York.
___ 1932a. *The Sexual Life of Savages*. 3ª ed. Londres.
___ 1932b. *Crime and Custom in Savage Society*. Londres.
___ 1935. *Coral Gardens and their Magic*. 2 vols. Londres.
MAUSS, M., 1923. "Essai sur le don". *Ann. Sociol.* N. S. 1.
MEAD, M. 1930. *Social Organisation of Manu'a. Bishop Museum* Bulletin 36. Honolulu.

___ 1934. *Kinship in the Admiralty Islands. Amer. Mus. Nat. Hist. Anthrop. papers*, 34. New York.

MILLS, J. P., 1926. *The Ao Nagas*. Londres.

___ 1937. *The Rengma Nagas*. Londres.

MURDOCK, G. P., 1949. *Social Structure. New* York.

NADEL, S. F., 1957. *The Theory of Social Structure*. Londres.

NAKANE, C, 1958, "Cross-Cousin Marriage among the Garo of Assam". *Man*, 58, 2.

NEEDHAM, R., 1958a. "A Structural Analysis of Purum Society". *Amer. Anthrop*. 60.

___ 1958b. "The Formal Analysis of Prescriptive Patrilateral Cross-Cousin Marriage" *Southw. Jour. Anthrop*. Vol. 14.

NILSSON, M. P., 1955. *Geschichte der Griechischen Religion*. (2ª ed.). Vol. 1. Munique.

Notes and Queries in Anthropology. 1951. 6ª ed. Londres.

OLDERROGGE, D. A., 1946. "The Ring Bond between Clans or the Three-Clan Union (Gens Triplex)." *Brief Communications*. Inst. Ethno. I. Moscou.

ONIANS, R. B., 1951. *Origins of European Thought*. Cambridge.

PARRY, N. E., 1932. *The Lakhers*. Londres.

PETER H. R. H. PRÍNCIPE DA GRÉCIA E DINAMARCA, 1955. "Polyandry and the Kinship Group". Conferência no Roy. Anthrop. Inst, sumarizada em *Man*, 55, 198.

POWELL, H. A., 1956. *Trobriand Social Structure*. Tese de doutorado depositada na Universidade de Londres.

RADCLIFFE-BROWN, A. R., 1930. "The Social Organization of Australian Tribes". *Oceania*, 1.

___ 1940a. "On Social Structure". *J. Row. Anth. Inst. 70.*

___ 1940b. Prefácio a *African Political Systems*; Fortes, M. E Evans-Pritchard, E. E. (ed.). Londres.

___ 1941. "The Study of Kinship Systems". *J. Roy. Anth. Inst.* 71.

___ 1951. "Murngin Social Organisation". *Amer. Anthrop.* 53.

___ 1953. Carta a Lévi-Strauss, citada em Tax, Sol (ed.) *An Appraisal of Anthropology Today*. Chicago.

___ 1957. *A Natural Science of Society*. Chicago.

RADIN, P., 1956. *The Trickster: A Study in American Indian Mythology* (com comentários de C. G. Jung e Karl Kerényi). Londres.

RANASINHA, A. G., 1946. *Census of Ceylon*, Vol. I, Parte I, Relatório Geral. Colombo, 1950.

RATTRAY, R. S., 1923. *Ashanti*. Londres.

___ 1927. *Religion and Art in Ashanti*. Londres.

___ 1929. *Ashanti Law and Constitution*. Londres.

Report of the Kandyan Law Commission, 1935. Sessional Paper XXIV. Colombo.

RICHARDS, A. I., 1950. "Some Types of Family Structure amongst the Central Bantu". *African Systems of Kinship and Marriage*. Radcliffe-Brown e Daryll Forde (ed.). Londres.

RICHARDS, F. J., 1914. "Cross-Cousin Marriage in South India". *Man*, 14.

RIVERS, W. H. R., 1907. "The Marriage of Cousins in India". *J. Roy. asiat. Soc.*

___ 1914. *The History of Melanesian Society.* Cambridge.

___ 1921. "Kinship and Marriage in India". *Man in India, I.*

ROHEIM, GEZA, 1930. *Animism, Magic and the Divine King.* Londres.

ROSCHER, W. H., 1884. *Lexikon der Griechischen und Romischen Mythologie.* Leipzig.

ROSE, H. J., 1928. *A Handbook of Greek Mythology.* Londres.

ROY, R. C, 1936. "Notes on the Chawte Kuki Clan". *Man in India*, 16.

RUHEMANN, B., 1948. "The Relationship Terms of Some Hill Tribes of Burma and Assam". *Southw. J. Anthrop.* 4.

SALISBURY, R. F., 1956. "On Asymmetrical Marriage Systems". *Amer. Anthrop.* 59.

SCOTT, SIR J. G. e HARDIMAN, J. P., 1901. *Gazetteer of Upper Burma and the Shan States.* Parte I, 2 vols. Rangum.

SELIGMAN, B. Z., 1927. "Bilateral Descent and the Formation of Marriage Classes". *J. Roy. anthrop. Inst.* 57.

___ 1928. "Asymmetry in Descent, with Special Reference to Pentecost". *J. Roy. anthrop. Inst.* 58.

SHARP, LAURISTON, 1934. "The Social Organisation of the Yir-Yoront Tribe, Cape York Peninsula". *Oceania, 4.*

SHAW, W., 1928. "Notes on the Thadou Kukis". *J. P. A. S. B.* Vol. XXIV.

SMITH, M. G., 1953. "Secondary Marriage in Northern Nigeria". *Africa*, Vol. XXIII, 4.

STEVENSON, H. N. C, 1943. *The Economics of the Central Chin Tribes.* Bombaim, s.d.

TAMBIAH, H. W., 1954. *The Laws and Customs of the Tamils of Ceylon.* Colombo.

TAX, SOL, 1937. "Some Problems of Social Organisation". *Social Organisation of North American Tribes*, Cap. I, Eggan (ed.). Chicago.

THOMSON, D. F., 1949. *Economic Structure and the Cerimonial Exchange Cycle in Arnhem Land.* Melbourne.

TIDEMAN, J., 1922. *Simeloengoen. H et land der Timoer-Bataks.* Leiden.

VROKLAGE, B. A. G., 1952. "Die Grossfamiliale und Ver-wandtschaftsexogamie in Belu, Zentraltimor (Indonésien)." *Int. Arch. Eth.* Leiden.

WARNECK, F., 1901. "Das Eherecht bei den Toba-Batak". *Bijd. Taal-, Land- Volkenke. Nederlandsch Indie*, 53.

WARNER, W. L., 1930-31. "Morphology and Function of the Australian Murngin type of Kinship". *Amer. Anthrop.* 32, 33.

___ 1937. *A Black Civilisation.* New York.

WEBB, T. T., 1933. "Tribal Organisation in Eastern Arnhem Land". *Oceania*, 3.

WEDGWOOD, C, 1929. "Cousin Marriage". *Encycl. Brit.* 14ª edição.

WEHRLI, H. J., 1904. "Beitrag zur Ethnologie der Chingpaw (Kachin) von Ober-Burma". *Int. Archiv. Ethn. 16 Sup.*

WERDER, P. VON, 1939. "Staatstypus und Verwandschafts-system". *Africa*, Vol. XII.

WESTERMARCK, E., 1921. *The History of Human Marriage.* 5ª edição. Londres.

WHITEHEAD, A. N., 1927. *Science and the Modern World.* Cambridge.

WILSON, M., 1949. *Good Company.* Londres.

WOUDEN, F. A. E. VAN, 1935. *Sociale Structuurtypen in de Grote Oost.* Leiden.

YALMAN, N., 1960. "The Flexibility of Caste Principles in an Kandyan Community". *Aspects of Caste in S. E. India, Ceylon and N. W. Pakistan* Leach (ed.). *Cam. Papers in Soc. Anthrop.* Nº 2.

BIBLIOGRAFIA SELECIONADA

DE PUBLICAÇÕES DE E. R. LEACH DESDE 1961 A RESPEITO
DE TEMAS DISCUTIDOS EM *REPENSANDO A ANTROPOLOGIA*

1961. Asymmetric marriage rules, status difference, and direct recipro-
city: comments on an alleged fallacy. *Southwestern Journal of
Anthropology*, 17: 343-51.
___ Lévi-Strauss in the Garden of Eden: An examination of some recent
developments in the analysis of myth. *Transactions of the New York
Academy of Sciences*, série 2:23: 386-96.
1962. On certain unconsidered aspects of double descent systems. *Man*,
62, 214.
___ The determinants of differential cross-cousin marriage (carta). *Man*,
62, 238.
___ Genesis as myth. *Discovery: The Magazine of Scientific Progress*,
23, 5, 30-5.
___ A note on the Mangaian *Kopu* with special reference to the concept
of "Nonunilinear descent" (carta). *American Anthropologist*, 64,
601-4.
1963. "Did the Wild Veddas have matrilineal clans?" in *Studies in
Kinship and marriage, dedicated to Brenda Z. Seligman on her 80th
birthday*, I. Schapera (ed.), pp. 68-78. Royal Anthropological Institute Occasional Paper Nº 16.

___ Law as a condition of human freedom, in *The Concept of Freedom in Anthropology*, David Bidney (ed.). Studies in General Anthropology I.

___ The determinants of differential cross-cousin marriage (cartas). *Man*, 63, 87, 228.

1964. "Comment on Scheffler's note on the Mangaian *Kopu*", *American Anthropologist*, 66, 427-9.

___ "Anthropological Aspects of Language: Animal Categories and Verbal Abuse" in E. H. Lenneberg (ed.), *New Directions in the Study of Language*. M.I.T. Press.

___ "Telstar et les aborigènes ou La Pensée Sauvage", in *Annales*, Paris, dezembro.

1965. "Culture and Social Cohesion", *Daedalus*, inverno de 1965. (Reimpresso posteriormente in Gerald Horion (ed.) *Science and Culture*, Houghton Mifflin).

___ "Alliance and Descent among the Lakher: a Reconsideration", *Ethnos* 1963, 2-4, pp. 237-49.

___ "The Nature of War", *Disarmament and Arms Control*, 3, pp. 165-83.

___ "Men and Ideas: Frazer and Malinowski", *Encounter*, (nov.).

___ "Claude Lévi-Strauss – Anthropologist and Philosopher", *New Left Review*, (nov./dez.).

ANTROPOLOGIA NA PERSPECTIVA

Sexo e Temperamento
Margaret Mead (D005)

O Crisântemo e a Espada
Ruth Benedict (D061)

Repensando a Antropologia
E. R. Leach (D088)

Êxtase Religioso
Ioan M. Lewis (D119)

Pureza e Perigo
Mary Douglas (D120)

O Fim de uma Tradição
Robert W. Shirley (D141)

Morfologia e Estrutura no Conto Folclórico
Alan Dundes (D252)

Negro, Macumba e Futebol
Anatol Rosenfeld (D258)

O Racismo, uma Introdução
Michel Wieviorka (D308)

Os Nuer
E. E. Evans-Pritchard (E053)

Antropologia Aplicada
Roger Bastide (E060)

Desejo Colonial: Hibridismo em Teoria, Cultura e Raça
Robert J. C. Young (E216)

Claude Lévi-Strauss ou o Novo Festim de Esopo
Octavio Paz (EL07)

Makunaína e Jurupari: Cosmogonias Ameríndias
Sérgio Medeiros (org.) (T013)

Afrografias da Memória
Leda Maria Martins (PERS)

Dias em Trujillo: Um Antropólogo Brasileiro em Honduras
Ruy Coelho (LSC)

Os Caraibas Negros de Honduras
Ruy Coelho (LSC)

Dicionário Crítico Câmara Cascudo
Marcos Silva (org.) (LSC)

Este livro foi impresso na cidade de Cotia,
nas oficinas da Meta Brasil,
para a Editora Perspectiva.